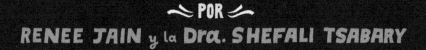

POR

RENEE JAIN y la Dra. SHEFALI TSABARY

TIENES SUPER PODERES

VENCE LA ANSIEDAD con AUTOESTIMA, CONFIANZA Y VALENTÍA

Traducción de Elena Macián

B DE BLOK

Penguin
Random House
Grupo Editorial

Título original: *Superpowered: Transform Anxiety Into Courage, Confid ence, and Resilience*

Primera edición: octubre de 2021

© 2020, Renee Jain y la Dra. Shefali Tsabary
© 2021, Penguin Random House Grupo Editorial, S. A. U.
Travessera de Gràcia, 47-49. 08021 Barcelona
© 2020, GoStrengths Inc, por las ilustraciones del interior
© 2021, Elena Macián, por la traducción
Adaptación del diseño original de © Mary Kate McDevitt: Chelen Ecija

Printed in Colombia – Impreso en Colombia

ISBN: 978-84-18054-42-6
Depósito legal: B-12.843-2021

Compuesto en Compaginem Llibres, S. L.

Dedicamos este libro a las personas más poderosas
y que más nos enseñan: los niños y las niñas.
Tenéis *superpoderes* y siempre los tendréis.

CONTENIDO

NOTA DE LAS AUTORAS

¡Oye!, antes de empezar, queríamos decirte una cosa: durante nuestra carrera profesional, hemos trabajado con miles de niños y niñas que tenían historias maravillosas que contar. Algunas de esas historias nos hicieron sonreír; otras, llorar, pero todas nos enseñaron algo. Estamos convencidas de que esas mismas historias, las que ellos compartieron con nosotras, pueden enseñarte algo a ti también. En este libro hemos incluido muchas de ellas, pero, para proteger la identidad de sus protagonistas, hemos cambiado sus nombres y hemos creado testimonios nuevos combinando o cambiando los detalles de sus luchas, que, por lo demás, son totalmente reales.

Y ya que hablamos de luchas reales... La ansiedad puede ser muy grave y no debe tomarse a la ligera. En este libro te enseñaremos muchas herramientas útiles para gestionar tu salud mental, pero nada de lo que digamos aquí pretende sustituir los consejos, diagnósticos o tratamientos del personal médico autorizado ni tampoco la medicación que te receten. Si tú, tu padre, tu madre o tu tutor legal estáis preocupados o tenéis dudas o preguntas relativas a tu bienestar, os pedimos que busquéis ayuda médica o tratamiento psicológico de personas cualificadas.

¡HOLA!

¡Anda, ya estás aquí! ¡Qué bien! Te estábamos esperando.

Seguramente, has elegido este libro porque últimamente sufres estrés y muchas preocupaciones y crees que necesitas que alguien te eche una mano. Confía en nosotras: has llegado al lugar adecuado. Aquí encontrarás un montón de ayuda.

En las páginas de este libro descubrirás secretos, estrategias, verdades difíciles de asimilar, ciencia, ejercicios y una gran cantidad de datos increíbles que no solo aliviarán tus preocupaciones, sino que las transformarán por completo. Nos atrevemos incluso a decir que el viaje que te propone este libro podría llegar a cambiarte la vida, así que estamos impacientes por que te sumerjas en él. Pero, en primer lugar, queremos hablarte un poco de nosotras.

Yo me llamo Renee Jain y pasé la mayor parte de mi infancia preocupada por diversas cosas: «¿Y si suspendo el examen? ¿Y si nadie me pide que lo acompañe al baile? ¿Y si no me eligen para el equipo? ¿Y si...?». Y la lista seguía y seguía. Al final, cuando tenía algo más de veinte años, conocí a un terapeuta que me cambió la vida: me proporcionó las herramientas que luego utilizaría para transformar mi ansiedad en poder. Fue entonces cuando decidí que mi misión en esta vida sería transmitir esas mismas herramientas de resiliencia a tantos chicos y chicas como pudiera y fundé una organización llamada GoZen!, en la que creamos programas para niños y niñas de todas las edades con el objetivo de ayudarlos a ser lo más felices posible. Y, como parte de esta misión, he escrito este libro junto a mi querida amiga...

¡Hola! Soy la doctora Shefali. Siempre me han fascinado las razones por las que pensamos lo que pensamos, sentimos lo que sentimos e incluso hacemos lo que hacemos; en otras palabras: me interesan profundamente las personas. Y por eso me hice psicóloga clínica: cuando una persona, ya sea niña o adulta, tiene dificultades con sus pensamientos, sus emociones o su comportamiento, acude a mí en busca de ayuda. He trabajado con familias de todo el mundo, lo que significa mucho para mí. Junto a Renee, me dispongo a acompañarte en este viaje, que será una aventura llena de sorpresas. Aprenderás a aliviar tus preocupaciones, pero, además, ¡descubrirás cómo vivir una vida superpoderosa! Hemos escrito este libro para que funcione como una herramienta, y eso significa que, para que te sea de ayuda, tendrá que mancharse un poco. En la mayoría de los capítulos encontrarás varios ejercicios y esperamos que anotes tus respuestas directamente en estas páginas. Exacto: ¡queremos que escribas en el libro! A no ser, por supuesto, que lo hayas cogido de la biblioteca o pienses prestárselo a alguien cuando lo hayas terminado. En ese caso, puedes utilizar una libreta para hacerlos. ¡Te prometemos que te resultarán igual de útiles!

Y ahora ¿a qué estás esperando? ¡A por ello!

PRIMERA PARTE

LA VERDAD

CAPÍTULO 1
EL PODER

La madre de Sabrina entró en la habitación de su hija y subió las persianas. La chica estaba muy cansada y la luz del sol le hizo daño en los ojos. Tardó unos instantes en despertarse del todo y recordar lo que le deparaba el día, pero la ansiedad apareció en cuanto lo hizo: los pensamientos se le aceleraron; una sensación extraña se apoderó de su estómago.

Sabrina estaba preocupada por el trayecto en autobús hasta el colegio (cuando su mejor amiga no iba, le costaba mucho decidir con quién sentarse). Estaba preocupada por su examen de Matemáticas (la semana anterior la habían cambiado al grupo en el que, como sabía todo el mundo, estaba la gente que más ayuda necesitaba). Estaba preocupada por...

«Un momento, ¿qué acaba de decir mamá?» A menudo, los pensamientos de Sabrina tenían tanta fuerza que apenas oía a la gente que estaba a su lado.

—Tienes que limpiar este cuarto —repitió su madre—. Por favor. Es la sexta vez que te lo pido esta semana.

Sabrina miró al suelo y vio que, en efecto, había ropa tirada por todas partes. Uf. Tenía siempre tantas cosas que hacer... ¡Un momento! Esa tarde había un partido de fútbol, así que tenía que ponerse la sudadera del equipo... Pero estaba colgada del poste de la cama, sucia y arrugada. Así no se la podía poner. Y si le pedía a su madre que se *la lavara, se enfadaría... Ella también tenía mucho que hacer. Encima, ni siquiera le gustaba jugar al fútbol, lo que, de algún modo, la hacía sentir aún peor.*

Le dolía la barriga, se sentía como si tuviese la cabeza debajo del agua y tenía calor. Era como si en el interior de su cuerpo se estuviese librando una batalla. Lo único que deseaba era que todo se detuviera.

No recordaba que la vida hubiera sido siempre tan difícil.

Si este libro te va a servir de algo, debemos hablar con sinceridad. La verdad es importante... Y la verdad es que la vida no siempre es fácil.

Aunque quizá eso ya lo sabías.

Quizá ya lo sabías porque a veces tienes una sensación muy desagradable en el estómago, como si lo tuvieras muy lleno, te ardiera o estuviese a punto de explotar.

Quizá ya lo sabías porque a veces sientes que tus pensamientos giran y giran como si estuvieran en un tiovivo, tan rápido que incluso te acabas mareando. Tanto que no consigues concentrarte ni tampoco dormirte, como si en tu mente resonaran cientos de gritos que dan vueltas y más vueltas.

Quizá ya sabías que la vida no siempre es fácil porque a veces te preocupas, y no solo por cosas que pueden llegar a ser peligrosas, sino por las que forman parte de tu día a día. Te preocupa ir al colegio, te preocupa jugar un partido de fútbol, te preocupa no caer bien a los demás, te preocupa preocuparte...

Cuando todas estas emociones y pensamientos se entremezclan, hablamos de ansiedad. La ansiedad nos asusta y nos provoca una inquietud y una inseguridad terribles. Nos impulsa a salir huyendo y

escondernos y, a veces, eso es exactamente lo que hacemos. También nos provoca la necesidad de gritar y de chillar y, a veces, eso es justo lo que hacemos. Nos quita las ganas de seguir intentándolo y, a veces... Bueno, ya lo pillas, ¿no?

Pues ahí la tienes: esa es la dura y triste verdad. Pero eso no es todo... ¡Hay más! Y, créenos, quieres saber a qué nos referimos con «más».

La ansiedad no tiene por qué hacerte sentir tan mal.

Hay formas de transformar la ansiedad en algo útil.

El primer paso para aprender cómo lidiar con la ansiedad es comprender por qué la sentimos. Cuando consigamos descubrirlo, todo lo demás se resolverá por sí solo. Así pues, ¿por qué tenemos ansiedad? Es hora de que te confesemos otra verdad: la razón principal por la que aparece es porque nuestros **superpoderes** se han agotado.

Has puesto los ojos en blanco porque acabamos de hablar de superpoderes, ¿verdad? Espera un momento: no nos referimos a que tengas una fuerza sobrehumana, visión de rayos láser o a que por la noche salgas en secreto a luchar contra malvados villanos (aunque eso molaría un montón). Lo que queremos decir es que, si estás leyendo este libro (y es evidente que así es) y eres un ser humano (eso también es bastante evidente), tienes una serie de poderes que, a lo largo de tu vida, pueden recargarte de energía y ayudarte a luchar contra el estrés, la presión y la preocupación. El problema es que nadie te ha dicho que están ahí ni te ha explicado cómo utilizarlos.

Y aquí es donde entramos nosotras: hemos trabajado con miles de chicos y chicas, todos personas únicas y especiales, y cada una de ellas —sin excepción— tenía estas habilidades a las que llamamos superpoderes y que están escondidas en lo más profundo de nuestro ser. A veces parece que no existan en absoluto, pero no hay duda de que están ahí. Todos los seres humanos llegamos a este mundo con cinco fantásticos superpoderes en nuestro haber.

Tus cinco fantásticos superpoderes

SUPERPODER 1: ¡Antes te encantaba explorar! Hubo un tiempo en el que no eras capaz de dar un paseo sin acariciar la hierba, oler las flores, escuchar el zumbido de las abejas o saborear las gotas de lluvia, es decir, sin observar todo lo que te rodeaba. ¡Querías formar parte de todo! Pero no solo prestabas atención a lo que había en el exterior, sino también a lo que había dentro de ti. Tus emociones eran MUY intensas y no te daba miedo sentir y expresar esos sentimientos, ya fueran de felicidad, preocupación, tristeza o enfado. Si estabas triste, llorabas; si estabas feliz, sonreías. Como todo buen explorador o exploradora, llegaste al mundo con el increíble superpoder de la **presencia**.

SUPERPODER 2: ¡Eras fiel a tu verdadero yo! Aunque los adultos quisieran vestirte con ropa bonita y colores a juego, tú pensabas que ir al colegio en pijama o con un calcetín de cada color era una idea estupenda. Si querías cantar a pleno pulmón, lo hacías y punto, aunque cantaras fatal. En otras palabras, hacías cualquier cosa que te hiciera sentir bien a ti y te

daba igual lo que pensaran los demás. No naciste para seguir las reglas. Jugabas con los juguetes que te divertían y no con los que fueran populares. Comías lo que despertaba tu curiosidad, aunque fuese una combinación de sabores «asquerosa». Te inventabas palabras, tenías amistades imaginarias y te reías de tus propios chistes. Te dedicabas a descubrir todas las cosas especiales que hacían que tú fueras tú. ¡Te enorgullecías de tu **originalidad**!

SUPERPODER 3: Hubo una época de tu vida en la que te querías de verdad. Te mirabas al espejo y adorabas a la persona que veías reflejada en él. No te derrumbabas si sacabas mala nota en un examen y, si no marcabas el gol de la victoria, tampoco te torturabas por ello durante días. Simplemente, te sentías bien siendo quien eras, sin importar cómo te fuera, qué aspecto tuvieras o lo que otras personas pensaran de ti. Pasara lo que pasara, te enorgullecías y estabas impaciente por presumir de tus logros. No dudabas de lo que valías ni de las increíbles virtudes que te convertían en alguien único. ¡Tenías el poder de la **desenvoltura**!

SUPERPODER 4: ¡Amabas la vida! Hubo un tiempo en el que, cada mañana, saltabas de la cama con la intención de comerte el mundo. «¡¿Qué vamos a hacer hoy?!», gritabas. Cada nuevo día era una fuente inagotable de alegría y de aventuras. Las novedades te parecían emocionantes y nadie tenía que convencerte de que aprender era divertido. Siempre tenías ganas de buscar cosas nuevas que despertaran tu curiosidad y alimentaran tu imaginación.  En ocasiones tener tanta energía te metía en algún lío, pero no te importaba. ¡La vida te regalaba demasiadas aventuras! De hecho, a veces incluso tenían que convencerte de que necesitabas descansar. Tu propia curiosidad era la única motivación y diversión que necesitabas. ¡Tenías un montón de **energía**!

SUPERPODER 5: ¡Corrías riesgos! Cuando empezaste a caminar, no te resultaba fácil. Te caíste cientos de veces, pero jamás te rendiste, porque jamás pensaste que «CAER» significara lo mismo que «FRACASAR». Caer solo era parte del aprendizaje, y así era como te lo tomabas todo: aprender a comer sin ayuda, a vestirte, a lavarte los dientes, a montar en bici... Si eras torpe o lo dejabas todo hecho un desastre, no pasaba nada: no te rendías hasta que no conseguías hacerlo con maestría. Naciste con la habilidad de correr riesgos y superar los desafíos. ¡Naciste con **resiliencia**!

Ya lo ves: llegaste a este mundo con cinco superpoderes. ¿Los repasamos?

Presencia

Originalidad

Desenvoltura

Energía

Resiliencia

PODER. Es un acrónimo. Como ves, ¡nos gustan los acrónimos!

Y esto es lo que ha pasado: de algún modo, a medida que crecías, esos superpoderes se desinflaron, se apagaron, se achicaron, desaparecieron..., ¡se agotaron! Poco a poco, a medida que te hacías mayor, te fuiste olvidando de ellos y, cada vez que uno se agotaba, aparecía algo para sustituirlo: la preocupación, la ansiedad y muchos otros pensamientos que te hacían sentir que tenías cualquier cosa menos superpoderes. Cuando los poderes se agotan, una vida llena de pasión y de aventuras se puede transformar en otra plagada de desafíos y dificultades. Si has elegido este libro, seguramente ya los conozcas. Nosotras también, así que vamos a pedirte una cosa: que confíes. Confía en el proceso que te planteamos en este libro. Aprenderás exactamente qué ha pasado con tus superpoderes y sabrás qué pasos seguir para recuperarlos. Cada capítulo te ayudará a hacer pequeños cambios que, al final, ¡darán pie a una gran transformación!

IDEAS CLAVE

- La vida no siempre es fácil... y no pasa nada. La mayoría de las personas tienen ansiedad o se sienten incómodas a veces.
- Naciste con los poderes de la **presencia**, la **originalidad**, la **desenvoltura**, la **energía** y la **resiliencia**. Puede que ahora no notes que los tienes, ¡pero los recuperarás!

PRESENCIA

RESI-

Fracasar es una parte importante de tu crecimiento y tu aprendizaje.

Exploras cada momento. Obtienes poder del aquí y el ahora.

ORIGINALIDAD

Te muestras fiel a tu auténtico y fantástico yo en cada situación.

CAPÍTULO 2
¡PODERES AGOTADOS!

Todavía faltaba una semana entera para el concierto de orquesta de Kellen, pero él no era capaz de pensar en nada más. Todo lo que antes le gustaba (el entrenamiento de béisbol, comer helado después de cenar, YouTube...) se había convertido en una especie de ruido de fondo, como si preocuparse por ese concierto fuera su único propósito en la Tierra, y todo lo demás, una distracción. Tenía el concierto en la cabeza todo el día y por la noche no lo dejaba dormir.

El problema era que se trataba de su tercer concierto y esa angustia parecía empeorar cada vez que tenía que tocar en público. Se preocupaba por pequeñas cosas, como, por ejemplo, qué ponerse. Sus pantalones preferidos eran amarillos, pero NADIE llevaba pantalones amarillos. Le preocupaba hacerlo fatal en su solo, equivocarse con las notas o entrar tarde y que todo el mundo se diera cuenta de que no era tan bueno. Le angustiaba no estar a la altura de los demás violonchelistas. Todas esas preocupaciones acabaron con su motivación para practicar, y, cuanto menos practicaba, más razones tenía para preocuparse.

No recordaba que la vida hubiera sido siempre tan difícil.

Hemos mantenido tantas conversaciones con tantos chicos y chicas que nos resulta fácil imaginar lo que querréis decirnos: «Si nuestros superpoderes son tan increíbles, ¿cómo es posible que se hayan agotado? ¿De qué nos sirven si se desinflan tan fácilmente? Hablabais

de "luchas y desafíos", pero ¡eso es quedarse corto! Estamos tratando con emociones muy intensas y dolorosas».

Créenos, comprendemos tu escepticismo, y sí, somos conscientes de lo abrumadora que puede ser la ansiedad. Por eso estamos aquí, para ayudarte a recuperar tus poderes y que así puedas volver a luchar. Para enfrentarte a la preocupación con la ayuda de tus poderes, debes entender exactamente a qué te enfrentas. Veamos con más atención qué sucede cuando tus poderes desaparecen.

AGOTADO: De la presencia al ysismo

Cuando en tu infancia usabas el superpoder de la **presencia**, todo lo que pasaba en cada momento despertaba tu interés. Lo observabas todo: las tormentas, las puestas de sol, esa ardilla que correteaba por tu jardín... Tu mente estaba en el aquí y el ahora. No pensabas en el examen que tenías al día siguiente ni en lo que había dicho hacía semanas alguna de tus amistades. Estabas total y absolutamente **presente**, y eso te permitía vivir la vida con alegría.

Las cosas empezaron a cambiar cuando tu superpoder de la **presencia**... ¡se agotó! Dejaste de vivir en el presente y tus pensamientos comenzaron a viajar en el tiempo. Tu mente se perdía en el pasado, preocupada por cosas que habías dicho o hecho hacía días o incluso semanas. O, si no, tu mente se perdía en el futuro, angustiada por cosas que todavía no habían pasado... ¡o que no pasarían nunca!

Tal vez los viajes en el tiempo sean divertidos en las películas, pero en la vida real son una fuente inagotable de angustia. Cuando nos invaden las preocupaciones producto de los viajes en el tiempo, hablamos de «ysismo». Lo reconocerás porque suena así: «¿Y si no saco buenas notas? ¿Y si lo que le dije ayer a mi amigo no era lo correcto? ¿Y si mañana me equivoco al dar el discurso? ¿Y si no sé qué quiero ser cuando sea mayor?».

El ysismo provoca mucho estrés y sufrimiento porque hace que nos olvidemos del momento en el que estamos y que tengamos miedo de uno en el que no estamos.

AGOTADO: De la originalidad al camuflaje

Cuando usabas todos tus superpoderes, te enorgullecías de ser totalmente **original**. Te sentías libre de decir lo que pensabas y de hacer lo que te apetecía. No te asustaban las opiniones de los demás y te daba igual si lo que hacías les parecía bien o no. Pero adivina lo que pasó: ese poder se agotó y lo que los demás pensaran de ti comenzó a importarte, y mucho.

Empezaste a cambiar partes de ti para encajar. Escondías tus verdaderos sentimientos y tus opiniones. Empezaste a actuar y a vestirte de formas que jamás habrías elegido si estuvieras siendo tú de verdad. Empezaste a intentar mimetizarte con la gente que te rodeaba y a cambiar tu imagen en las redes sociales con la esperanza de conseguir más seguidores y más «me gusta». Recurriste al camuflaje. Y, aunque esconder tu verdadero yo no te hacía sentir bien, también aprendiste a enmascarar ese dolor. Cuando te camuflas, piensas cosas como esta: «¿Qué se pondrán los demás? No puedo admitir que me gusta esta canción si no le gusta a nadie más. ¿Cómo hago para que mi pelo sea igual que el suyo? Si subo esto a mis redes sociales, ¿le gustaré a la gente? ¿Cómo hago para que se fijen en mí? ¿Por qué no encajo?».

Un día eras tú y al siguiente estabas intentando ser otra persona, y solo porque encajar te parecía importante. Lo que tus amistades y tu familia pensaran de ti te parecía más importante que lo que pensaras tú. Y, cuando una persona cambia su personalidad para obtener la aprobación de los demás, es muy difícil que se sienta bien consigo misma.

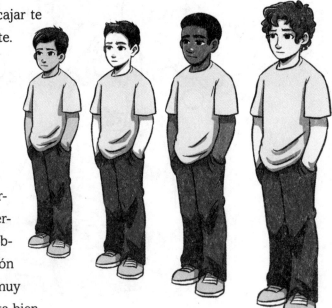

AGOTADO: De la desenvoltura a la crisálida

¿Te acuerdas de cómo era tener autoestima? Cuando usabas el super-poder de la **desenvoltura**, te enorgullecías de tus habilidades, eras una persona segura de ti misma, perfecta tal y como eras. Colgabas en la nevera todos tus dibujos; cantabas cualquier canción bien alto, para que todos te oyeran. Si te salías de la raya al colorear, desafinabas o contestabas mal a alguna pregunta, no te importaba lo más mínimo. Eras una persona **desenvuelta** y tenías muy claro que eras increíble.

Pero entonces te diste cuenta de que la gente juzgaba cosas como las notas y los premios. No parecía importarles qué era lo que te encantaba hacer, solo si se te daba bien o no. Poco a poco, empezaron a asaltarte las dudas, las preocupaciones y la ansiedad. Cuando el superpoder de la **desenvoltura** se agotó, empezaste a sentir que dependías de lo que hacías. Perdiste tu confianza y te convertiste en alguien que no creía estar a la altura. Te juzgabas en base a números, como las notas, los resultados de los exámenes, cuántos goles marcaras, cuántos «me gusta» tuvieras en las redes sociales o cuánta gente viniera a tu fiesta de cumpleaños. Todo esto te hizo sentir vulnerable, afectó a tu autoestima y te llevó a creer menos en ti... Hasta que empezaste a proteger tu imagen. Te refugiaste en una crisálida y dejaste de arriesgarte para que nadie te criticara.

Cuando eres una persona **desenvuelta**, todo lo que necesitas está dentro de ti. Sin embargo, cuando te escondes en una crisálida, nadie ve la belleza que hay en tu interior. Tus pensamientos se convierten en un eco de esa inseguridad y suenan así: «No soy lo bastante inteligente para hacer eso. Por mucho que me esfuerce, nada de lo que hago es suficiente. No me gusto mucho y tampoco le gusto a nadie más».

AGOTADO: De la energía al hastío

Cuando tenías **energía**, no hacía falta que nadie te dijera qué hacer. No necesitabas que una alarma te despertara, que un adulto te pidiera que te dieras prisa o que el entrenador te dijera que empezaras a correr. Hacías las cosas porque salían de ti, por tu motivación. ¡Te apetecía! ¡La vida te daba **energía**! ¿Cuántas cosas te hacen sentir así a día de hoy?

Cuando el superpoder de la **energía** se agotó, llegó el cansancio... ¡Y llegó para quedarse! Cuando empezaste a notar la presión de la gente, que siempre te decía qué tenías que hacer, cómo y cuándo hacerlo, perdiste tu propia motivación para aprender. En lugar de alimentarte de tu propia curiosidad y de tu emoción, te obligabas a seguir adelante, y eso te abrumaba, te agotaba, te hacía sentir que nunca tenías tiempo para hacer lo que verdaderamente te interesaba. Sentías que trabajabas demasiado, que tenías demasiadas cosas que hacer, que ¡TODO era demasiado! A esa sensación la llamamos «hastío».

Antes, las personas que se sentían hastiadas siempre eran adultas. Créenos, nosotras hemos sentido hastío muchas veces. Pero cada vez son más los chicos y chicas que recurren a nosotras porque se les ha agotado la **energía**. Ellos también están hastiados, como si nada pareciera merecer su esfuerzo. Piensan y sienten cosas que suenan así: «Estoy demasiado cansado, prefiero quedarme en casa. Tengo demasiado que hacer y no tengo tiempo de hacer lo que me gusta ni de divertirme. Estoy harta de ir a entrenar... ¡Parece lo único que hago!».

CLASES DE PIANO BÉISBOL DEBERES

AGOTADO: De la resiliencia al hielo

Ser **resiliente** significa tener la habilidad de superar un desafío. Es un superpoder con el que todos nacemos: nos caemos, pero volvemos a levantarnos. Metemos la pata hasta el fondo, pero lo superamos y lo volvemos a intentar una y otra vez. Así es como se aprende. Pero, de

algún modo, se nos ha olvidado. La idea de cometer
un error empezó a hacer-
nos sentir inútiles, como
si no fuéramos capaces
de hacer nada bien. Sí,
exacto: se nos agotó
otro poder.

Una persona a la que
se le agota el superpoder
de la **resiliencia** se siente
atrapada. No sabes si intentar
entrar en el equipo, si responder
preguntas en clase o si conocer gente
nueva. Cuando crees que existe la posibilidad de fracasar, por remota
que sea, te preocupa correr ese riesgo. De hecho, algunas personas
tienen tanto miedo de cometer errores que no intentan nada nuevo a
no ser que el éxito esté cien por cien garantizado. Y si no intentan
nada nuevo, no pueden crecer. Están congeladas.

Si esto te resulta familiar, quiere decir que estás en el hielo y tus
pensamientos son más o menos así: «Me gustaría formar parte del
equipo de natación, pero sé que no nado tan bien, así que ¿para qué
me voy a apuntar?», «Quiero salir con mis amigos, pero me sentiré
desplazado, así que mejor me quedo en casa», «Solo he acertado seis
preguntas de las diez que había en el examen de Matemáticas... Para
el próximo ni lo intento».

Te hemos dado mucha información, ¿verdad? Vamos a hacer un breve resumen de lo que pasa cuando se nos agotan los superpoderes.

¿Sientes que has perdido alguno de tus superpoderes? ¡Estupendo! Bueno, no es estupendo que sientas que los has perdido, pero sí que estés leyendo estas páginas, porque aquí viene otra verdad que necesitas saber: los superpoderes nunca, jamás, se pierden del todo... ¡Solo se agotan! Todos ellos siguen dentro de ti, solo que están ocultos. Hemos escrito este libro para enseñarte qué hacer exactamente para revelar y reactivar cada uno de tus superpoderes, paso a paso.

- Tus superpoderes de la **presencia**, la **originalidad**, la **desenvoltura**, la **energía** y la **resiliencia** se han agotado y han sido reemplazados por el ysismo, el camuflaje, la crisálida, el hastío y el hielo.

SUPERPODERES...

CAPÍTULO 3
EL ASALTO DE LOS «DEBERÍAS»

¡Esto ya empieza a coger forma! Veamos lo que has aprendido hasta ahora: naciste con superpoderes, pero, según parece, se han agotado y han sido reemplazados por preocupaciones, miedos, inseguridades, ansiedad y otras emociones difíciles de gestionar. Pero, en primer lugar, ¿cómo es posible que haya pasado algo así? Aquí está la respuesta más sincera que podemos darte: te han asaltado los «deberías».

¿Los «deberías»? ¿El ysismo? ¿El hielo? Si parece que nos estamos inventando palabras y conceptos, es porque... es justo lo que estamos haciendo. ¡Estamos aprovechando nuestro superpoder de la **originalidad**!

Pero deja que te expliquemos qué es esto del asalto de los «deberías». ¿Alguna vez has seguido instrucciones para montar una maqueta? ¿O para preparar una receta de cocina? ¿O has tenido en cuenta alguna lista de cosas que «deberías» hacer para que algo salga «bien»? Pues bien, los «deberías» son como instrucciones que nos damos las personas. Nadie sabe muy bien de dónde salen, pero es evidente que existen.

Si todo esto te suena, es porque los «deberías» te están asaltando.

Pero no es que tu padre, tu madre, el profesorado o tus compañeros y compañeras de clase —en fin, básicamente todos los seres hu-

Deberías sacar buenas notas.

Deberías ser feliz.

Deberías aprovechar tu potencial.

Deberías ser amable.

Deberías esforzarte mucho.

Deberías hacer muchos amigos.

manos— te asalten constantemente con «deberías» porque sean malvados. ¡Es por todo lo contrario! A menudo, los «deberías» son producto del amor y del respeto y, en general, en el contexto adecuado, no son malos consejos, ¿verdad? ¿Deberías intentar sacar buenas notas? Por supuesto. ¿Deberías esforzarte? ¡Pues claro! Todas las personas que te quieren desean que llegues a ser la mejor versión posible de ti, así que te dicen lo que creen que deberías hacer para lograrlo.

El problema viene cuando todos estos «deberías» no te impulsan a conseguir tus objetivos, sino que te hacen sentir que necesitas ser alguien diferente. Cada vez que oyes lo que deberías hacer, sientes que no estás a la altura, que no vales lo suficiente. ¡Y así es como se agotan tus superpoderes!

Conozcamos ahora algunos ejemplos de niños y niñas reales que han experimentado el asalto de los «deberías». Verás que, en algunos casos, esos «deberías» eran producto del amor y la preocupación de los demás, aunque les hayan hecho daño.

«¡DEBERÍAS SER FELIZ!»

Anna se preocupa. Se preocupa por sus notas y por lo que la gente piensa de ella, y se preocupa por lo mucho que se preocupa. Por la noche, se queda callada y triste, y a veces llora. Cuando sus padres la ven tan disgustada, ellos también se disgustan, y eso la hace sentir aún peor, porque entonces no solo ella está triste, sino que, encima, los demás se entristecen por su culpa. Se siente como si fuera una nube de lluvia que le estropea el día a todo el mundo. Sus padres quieren que se sienta agradecida por tener una casa bonita y una familia que la quiere, así que siempre le recuerdan que debería ser feliz, como si bastara con accionar un interruptor. Cuando le dicen que debería ser feliz, se siente como si estuviera rota. Resulta que es mucho más fácil esconder sus sentimientos, así que cada vez es más callada y retraída. ¿Y si nunca descubre cómo funciona eso a lo que llaman «felicidad»? Una cosa más de la que preocuparse.

«¡DEBERÍAS SER MÁS SOCIABLE!»

A Bandile le llaman tímido a menudo, pero él odia esa palabra. Le hace pensar en niños pequeños que se esconden tras las faldas de sus padres, y él ya tiene trece años. Suele almorzar solo y casi nunca se queda con los demás después de las clases. Su padre se pasa el día atosigándolo para que sea más extrovertido y más sociable: «Igual que yo cuando tenía tu edad». Su madre lo presiona para que se apunte a todo tipo de actividades con la esperanza de que haga amistades. Sin embargo, cuanto más lo presionan, más nervioso e inseguro se siente él. Piensa: «Quizá haya algo que falla en mí».

«¡DEBERÍAS APROVECHAR TODO TU POTENCIAL!»

A Gracie le va bien en el colegio. No saca muy buenas notas, pero compagina su vida académica con una vida social muy activa. Lo que de verdad le gusta es estar con sus amigos, sus aficiones, sus mascotas... En definitiva, pasárselo bien. No le importa no destacar en el colegio, pero a sus padres sí, y mucho. Siempre la presionan para que se esfuerce más, para que estudie más, para que se concentre más... Le dicen constantemente que debería aprovechar todo su potencial. Debe de haber oído esa palabra miles de veces: «Potencial, potencial, potencial». Gracie está tan harta de que sus padres le digan que debe esforzarse más que ahora quiere incluso esforzarse menos. Lo que antes le salía de forma natural se ha convertido en una obligación. Antes sentía cierta pasión por esforzarse, pero ahora ha desaparecido por completo.

Potencial, potencial, potencial, potencial, potencial, potencial, potencial...

Sí, que te asalten los «deberías» no es nada agradable. ¡Y pensar que estas son solo algunas de las miles de historias que hemos oído! Ni siquiera te hemos contado los «deberías» que nos han asaltado a nosotras. Reflexiona un poco sobre cómo han sido los «deberías» con los que han tratado de ayudarte y tómate unos minutos para contárnoslo.

Por naturaleza, soy...

_____

_____

_____

_____

_____

_____

Me han dicho que debería...

_____

_____

_____

_____

_____

_____

_____

Cuando me asaltan con «deberías», me siento...

_____

_____

_____

_____

_____

_____

_____

Antes de continuar queremos dejar una cosa muy clara: no estamos diciendo que no debas escuchar los consejos de los demás, sobre todo los de las personas que te quieren. Todos queremos ser la mejor versión de nosotros mismos y las personas que más nos quieren solo desean ayudarnos a conseguirlo. Hay una gran diferencia entre que nos asalten con «deberías» (algo que puede hacernos sentir mal con nosotros mismos) y aprender de los demás o marcarnos nuestros propios objetivos. Los «deberías» no siempre son malos, el problema es cuando pensamos que debemos hacer caso a los otros para no perder su amor o su aprobación. El truco está en escuchar sin permitir que las sugerencias de otras personas acaben aplastando lo que te resulta natural o lo que consideras bueno para ti. No es fácil, ¿verdad?

¡Lo entendemos! Por eso te estamos dando herramientas para empoderarte. Al final, lograrás descubrir qué es bueno para ti en lugar de simplemente hacer caso de los «deberías» de los demás solo porque sientes que... deberías. Obtendrás las herramientas para transformar tus preocupaciones, para amar la persona que eres hoy y para que tus metas, en lugar de agotarte, te inspiren.

¡Haz estos ejercicios!

1. ¿Alguna vez te han asaltado los «deberías»? Escribe algunos de ellos en estas manos.

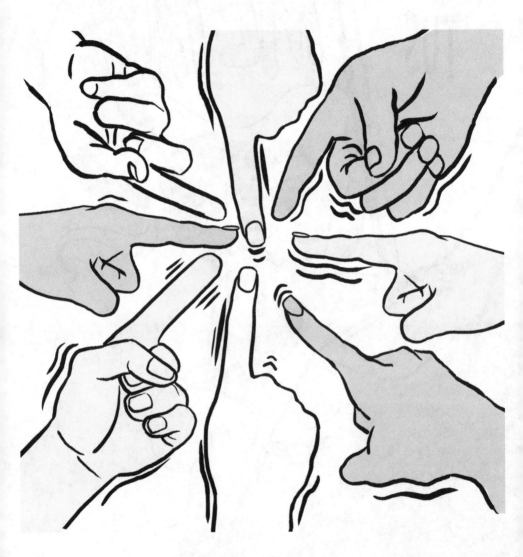

2. ¿Has asaltado tú a alguien con «deberías»? ¿A tus amistades, a tus hermanos o incluso a tus padres? Todos lo hacemos a veces, y es fantástico que seamos conscientes de ello. Ahora escribe algunos «deberías» que hayas dicho a otras personas.

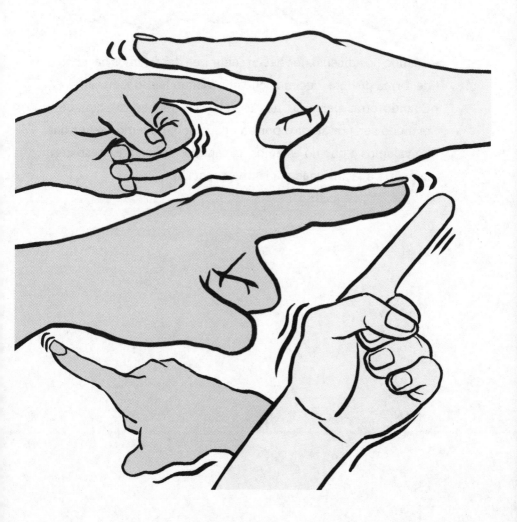

IDEAS CLAVE

- Cuando nos dicen o nos hacen sentir que deberíamos hacer algo de forma distinta, decimos que nos asaltan los «deberías».
- Cuando otras personas nos asaltan con «deberías», aunque a menudo sea por amor o por preocupación, podemos sentir que no valemos o que no estamos haciendo lo suficiente, y eso abre la puerta a la ansiedad y a la preocupación.

CAPÍTULO 4
EL MENSAJERO

La preocupación que nadie ve
Sé qué pasa
cuando no obedezco:
me sudan las manos,
me tiemblan las piernas,
se me revuelve el estómago
y me duele el corazón.
La cabeza me da vueltas y
la respiración se me acelera.
Estos son algunos de los sentimientos
que me asaltan cuando llega la ansiedad.
Intento controlarlos, pero nunca tengo éxito.
Ojalá alguien me diera un abrazo ya.

MADISON, 11 años

Siempre nos ha fascinado que las preocupaciones que inundan nuestros pensamientos puedan reflejarse en el cuerpo en forma de dolores físicos. ¿Sabes esos momentos en los que te angustias porque se acerca un examen, un proyecto o una fiesta de cumpleaños y de repente…, ¡BAM!, es tu cuerpo el que lo sufre? Si se lo intentas explicar a alguien a quien nunca le ha pasado, no conseguirá entenderlo del todo. Pen-

sará: «Venga ya, no será tan malo, ¿no?». ¡Si supieran que lo que sucede en tu interior es como una batalla! Explosiones dolorosas, dolor de cabeza y de estómago, choques que te provocan náuseas, te cortan la respiración y te impulsan a morderte las uñas, gritos en el cerebro que no te dejan dormir por la noche... Es una batalla tan encarnizada como cualquiera que hayas visto en una película.

¿Qué le pasa a tu cuerpo cuando te preocupas mucho? Rodea las sensaciones que experimentes:

Mareos

Aturdimiento

Calor repentino

Escalofríos

Sudores

Náuseas

Falta de aire

Dolor en el pecho

Hormigueos

Aceleración de los latidos del corazón

Temblores

Es posible que no sepas describir con exactitud qué te pasa cuando te sientes así. Tal vez solo sepas que no te encuentras bien. No te pasa solo a ti: de hecho, millones de seres humanos de todas las edades han experimentado sensaciones de preocupación intensas y el dolor físico que viene con ellas, y harían cualquier cosa para que desapareciera. Exacto: millones de personas se sienten igual que tú (quizá incluso cientos de millones).[1]

¿Ya te has cansado del rollo que te estamos soltando? Quizá ahora mismo estés pensando: «¡Decídmelo de una vez! ¿CÓMO uso mis poderes para librarme de esta preocupación?».

Cuidado, porque ahora viene otra dura verdad:

NO TE PUEDES LIBRAR DE LA PREOCUPACIÓN.

¡Un momento! ¡No tires el libro todavía!

Vamos a ayudarte con estas emociones tan difíciles, con los pensamientos repetitivos y con otras muchas cosas, pero, lo creas o no, librarse de la preocupación sin más sería peor que cualquier experiencia negativa que te haya provocado. Según la ciencia, la preocupación tiene un propósito. Tiene beneficios.[2] Es buena para ti.

La preocupación y los cavernícolas

Viajemos unos cuantos de cientos de miles de años atrás, a la época de la prehistoria. Imagina, por ejemplo, a una cavernícola corriendo descalza, lanza en mano, dispuesta a capturar a su próximo almuerzo. ¿Te lo imaginas? De repente, un tigre de dientes de sable la ataca. El momento en el que percibe el peligro, su cerebro le envía un «mensaje de preocupación» a su cuerpo, que, al recibirlo, hace algunos cambios rápidos: el corazón se le acelera para mandar sangre a los músculos, funciones como la de digerir comida se detienen para que ahorre energía, sus pensamientos se agudizan para que piense con rapidez y respira más rápido y profundamente para obtener más oxígeno, por si ha de salir corriendo a toda velocidad. Fascinante, ¿verdad?

En el mundo científico, esto se conoce como la reacción de lucha, huida o parálisis.[3] Nosotros la llamaremos LHP, para que sea más corto. La LHP hace que el cuerpo sea más fuerte, más rápido y esté más concentrado en el peligro. La preocupación ayudaba a los cavernícolas. La necesitaban para sobrevivir.

¿Por qué necesitamos hoy la preocupación?

Suponemos que no te persigue ningún animal prehistórico de camino al colegio, así que ¿para qué necesitas que la preocupación te proteja? Pues porque en la vida moderna también hay peligros, así que la preocupación sigue teniendo la misma función. Cuando estás a punto de tocar los fogones calientes de la cocina, la preocupación le envía un mensaje a tu cuerpo para que apartes la mano enseguida. Te envía mensajes para que no cruces la carretera cuando pasan coches, para que no hables con desconocidos o para que no te alejes demasiado de la orilla cuando te bañas en el mar. Y ¿sabías qué? La preocupación ha ido cambiando a lo largo del tiempo. Ha evolucionado para enviar mensajes de distinta clase y para producir respuestas diferentes en tu cuerpo según cada situación. Por ejemplo, cuando tienes que pronunciar un discurso, hacer un examen o jugar un partido decisivo, no recurres a la lucha, a la huida o a la parálisis necesariamente.[4] En lugar de eso, quizá lo que experimentes sea una respuesta al desafío, que te puede ayudar a hacerlo mejor. De

esto hablaremos más adelante. De momento, aquí tienes un resumen:

PREOCUPACIÓN = ÚTIL = ¡BUENA PARA TI!

Quizá también te hayas dado cuenta de que a veces, por desgracia, la preocupación te manda mensajes cuando no hay ningún peligro real, como cuando estás hablando con un amigo o intentando dormir. A esos mensajes los llamamos «spam cerebral»: son como recibir correo basura. Dentro de poco, también te contaremos cómo lidiar con ellos.

De momento, volvamos a la pregunta que nos planteábamos al principio de este capítulo: si la preocupación es buena, ¿por qué nos hace sentir tan mal? El problema no es la sensación en sí misma; lo que nos hace sentir tan mal es cómo pensamos en la preocupación. Normalmente, la consideramos como algo malo, algo que nos asusta. Pensar en ella de ese modo hace que te cause un miedo y un malestar reales, tanto en tu cuerpo como en tu mente. Si crees que la preocupación es mala, cuando te preocupes, te asustarás, y es posible que más tarde, cuando te acuerdes de cómo te has sentido, te vuelvas a preocupar. ¡Es como un pez que se muerde la cola!

Entonces, si la forma en la que pensamos en nuestros sentimientos no nos ayuda,[5] ¿cómo debemos pensar en ellos? ¿Hay una manera mejor? Queremos que pienses en tus sentimientos como si fueran mensajeros. Cada sentimiento (incluso la preocupación) contiene información importante. Solo tienes que recibir este mensaje y comprender lo que dice.

Conoce al mensajero

Te habrás dado cuenta de que hemos empezado a hablar de la preocupación como si fuera una persona. Pues bien, queremos que tú hagas exactamente lo mismo. Da igual cuántos años tengas: darle un nombre, una cara y una actitud a tu preocupación te ayudará a verla como a una amiga en lugar de como a una enemiga. Para ayudarte, hemos creado a Pisteria la Preocupadora, a la que llamamos Pisty. Es fuerte y tremendamente protectora y usa su increíble sistema de comunicación para mandarnos mensajes de preocupación.

El trabajo de Pisty consiste en protegernos del peligro, poner nuestro cuerpo en marcha cuando necesitamos llegar a un lugar seguro e incluso motivarnos cuando nos enfrentamos a alguna prueba, ya sea un examen o conocer a alguien. Sin embargo, Pisty también se equivoca. De vez en cuando, nos manda mensajes de preocupación cuando no hay ningún peligro o cuando no necesitamos ningún empujón de energía o de motivación. A veces intentamos ignorar esos mensajes y las sensaciones físicas que nos provocan y, como respuesta, ella nos manda más. Por eso es importante que establezcamos una relación con Pisty: ¡debemos ser capaces de responderle!

Pisteria la Preocupadora

Visualizar tu preocupación en forma de Pisty cambiará tu relación con ella. Empezarás a verla como una persona con la que puedes hablar y no como alguien a quien debas temer. Si Pisty te gusta, puedes utilizarla como tu personaje preocupador. Si no, ¡crea el tuyo propio! ¿Qué pinta tiene tu preocupador o preocupadora? ¿Cómo se llama? ¿Tiene aspecto de persona? ¿De animal? ¿Es fuerte y poderoso? ¿Sabio y veloz? Dibuja a tu personaje preocupador en este espacio:

Habla con Pisty

Ahora que tienes a tu personaje preocupador, ya sea Pisty o tu propia versión..., ¿qué es lo siguiente? Es hora de empezar a hablar con él. Puedes hacerlo usando estos tres pasos: esperar, abrir la puerta y responder. (Un momento. ¿De verdad te estamos pidiendo que hables en voz alta con un personaje ficticio que representa a tu preocupación? Pues sí, eso es exactamente lo que te estamos pidiendo. Hemos trabajado con personas de cuatro a setenta y cuatro años y esta técnica ha demostrado ser poderosa a cualquier edad.)

1. Espera a Pisty. Probablemente, ya sepas qué tipo de cosas suelen preocuparte o cuándo suele asaltarte la preocupación, lo que significa que Pisty es bastante predecible. Tal vez te mande mensajes de preocupación antes de un acontecimiento importante, a la hora de acostarte, antes de ir a clase o cuando pruebas algo nuevo. Si Pisty es predecible, siempre puedes estar esperándola antes de que se presente y pensar en cómo responder.

¿En qué otros momentos o situaciones puedes predecir la llegada de Pisty?

¿A qué horas del día aparece Pisty?

¿Qué tienen en común las situaciones en las que te encuentras con Pisty?

2. Ábrele la puerta a Pisty. Si sientes angustia o preocupación, seguro que has intentado que desaparezca distrayéndote o evitándolas de algún modo. ¿Qué sueles hacer cuando Pisty aparece? ¿Qué sueles hacer cuando te preocupas?

_____

_____

_____

_____

_____

_____

_____

_____

_____

_____

_____

_____

Es hora de dejar entrar a Pisty. Esto significa que la próxima vez que sientas preocupación, no te esconderás de ella ni intentarás hacerla desaparecer. Cuando ignoras a Pisty, lo único que consigues es que siga mandando mensajes a tu cuerpo. La próxima vez que te preocupes, di en voz alta algo parecido a esto (lee estas frases en voz alta para practicar):

Hola, Pisty, ya veo que estás haciendo que me preocupe.

Pisty, creo que estás intentando decirme algo. Noto que me late muy rápido el corazón, así que sé que me estás mandando un mensaje.

Pisty, ¿otra vez tú? Bueno, te estaba esperando... Venga, haz lo que tengas que hacer.

3. Habla con Pisty. Pisty —tu sentimiento de preocupación— se está comunicando contigo, pero a veces se equivoca. Puede mandarte mensajes, pero no tiene la capacidad de controlar tus acciones. ¡La única persona que puede controlar lo que haces eres tú! Si Pisty se equivoca, ha llegado el momento de decírselo. Responderle te ayudará a devolverle el control a la parte lógica de tu cerebro. En las dos páginas siguientes encontrarás algunos ejemplos de cómo responder a Pisty. Escribe en los bocadillos en blanco qué le dirás la próxima vez que aparezca.

Descifra los mensajes de Pisty

Como hemos trabajado con muchos niños y niñas hemos descubierto que Pisty suele mandar mensajes muy parecidos. Normalmente, los manda directamente a tu cuerpo, así que están escritos con un código secreto, pero lo hemos descifrado por ti. Aquí tienes los cuatro tipos de mensajes más comunes y qué hacer en cada caso. Por cierto, ¡tres de los cuatro tipos de mensajes son muy útiles!

Tipo de mensaje 1: FUEGO[6]

¿Cuándo recibes un mensaje de fuego? En situaciones peligrosas: si hay un incendio, si caminas por un aparcamiento, si cruzas la calle, si te pierdes o si tocas algo que está demasiado caliente o demasiado frío.

Lo que Pisty te intenta decir: «¡Estás en peligro! ¡Voy a activar la LHP para ayudarte a escapar y sobrevivir!».

Beneficios: Protección, supervivencia.

Acción: ¡Escucha a Pisty y ve a un lugar seguro!

Reflexiona: ¿Recuerdas haber recibido un mensaje de fuego alguna vez?

Tipo de mensaje 2: DESAFÍO[7]

¿Cuándo recibes un mensaje de desafío? Antes de exámenes, discursos, actuaciones y acontecimientos sociales.

Lo que Pisty te intenta decir: «Estás ante un desafío y necesitas motivación, concentración y energía. ¡Yo puedo ayudarte!».

Beneficios: Motivación, productividad, creatividad.

Acción: Pisty está intentando ayudarte, así que aprovecha la energía que te manda. Pasa de la preocupación a la emoción[8] antes de un examen o de una actuación con frases como: «¡Qué emocionante!» o «Estos sentimientos me ayudarán a hacerlo mejor». (Esto es algo que podrás practicar más adelante en este libro.)

Reflexiona: ¿Aparece Pisty cuando tienes que hablar en público o hacer un examen?

Tipo de mensaje 3: CONEXIÓN[9]

Tenemos que hablar.

¿Cuándo recibes un mensaje de conexión? Cuando te sientes solo o han herido tus sentimientos.

Lo que Pisty te intenta decir: «No estás solo. Estoy tratando de mandarle un mensaje a tu cuerpo para que entienda que necesitas conectar con alguien a quien quieres para que te ayude a salir de esta».

Beneficios: Apoyo social.

Acción: Pide ayuda a alguien en quien confíes y dile que necesitas contarle algo.

Reflexiona: ¿Con quién conectas cuando te sientes mal?

Tipo de mensaje 4: SPAM[10]

¿Cuándo recibes un mensaje de spam? Cuando piensas en el pasado o en el futuro, en momentos impredecibles.

Lo que Pisty te intenta decir: «¡Spam! ¡Spam! ¡Spam! Estoy siendo sobreprotectora y quizá incluso esté confundida. Te mando este mensaje y hago que tu cuerpo se preocupe, pero no estoy segura de que lo necesites».

Beneficios: Ninguno, a no ser que aprendas cómo identificar el spam cerebral y a lidiar con él.

Acción: Deja que estos pensamientos pasen de largo. Dale las gracias a Pisty y hazle saber que te está mandando spam cerebral y que vas a trasladar sus mensajes a la carpeta del correo basura.

Reflexiona: ¿Te manda Pisty spam cerebral?

¡Descifra tus mensajes!

Es hora de descifrar los mensajes que te manda Pisty. Anota unos cuantos pensamientos de preocupación, qué tipo de mensaje es cada uno y qué acciones puedes llevar a cabo:

Mensaje de Pisty (pensamiento de preocupación)	Tipo: fuego, desafío, conexión, spam	Acción
Dar este discurso me pone nervioso	Desafío	Esta preocupación me ayudará a prepararme para el discurso. ¡Qué emoción!

IDEAS CLAVE

- La preocupación es buena, así que no nos conviene intentar librarnos del todo de ella.
- La preocupación es un mensaje que nos manda el cerebro para intentar protegernos, y si no existiera tendríamos muchos problemas.
- La preocupación se comunica con nosotros de formas diferentes y, si conseguimos descifrar sus mensajes, podemos aprender a cambiar nuestra relación con ella, o incluso hacernos sus amigos.

SEGUNDA PARTE

ADIÓS A LOS
«DEBERÍAS»

¡Felicidades! Ya has dado el primer paso para recuperar tus superpoderes. Ahora ya sabes cuáles son y cómo los has perdido. Conoces las distintas formas de preocupación que existen y cómo los «deberías» fortalecieron tanto esas preocupaciones que ellas mismas acabaron agotando tus poderes. Y también has aprendido que necesitamos que la preocupación vuelva a estar de nuestro lado. Para sobrevivir, necesitamos que se convierta en nuestra aliada, y cuanto antes logremos decir adiós a los «deberías» y hacer que la preocupación vuelva a focalizarse en los peligros reales, antes podremos concentrar nuestras energías en recuperar nuestros superpoderes.

En la segunda parte de este libro te ayudaremos a hacer precisamente esto: ¡aprender a reconocer y controlar cada una de las preocupaciones que han agotado nuestros poderes!

CAPÍTULO 5
EL YSISMO

El diario de Luna
8 de marzo, 4.53 horas

¿En serio? ¡me he vuelto a despertar mucho antes de que me suene la alarma! Ojalá pudiera volver a dormirme, pero tengo otra vez esa sensación, como si estuviera a punto de vomitar.

Probablemente no llegaré a hacerlo... solo tendré este malestar tan desagradable todo el día. Es lo que pasó la última vez, y solo de pensarlo me vienen náuseas otra vez. Y hablando de náuseas... Las fracciones. No me las quito de la cabeza. El examen de Matemáticas es hoy y siempre la cago con las fracciones. ¡SIEMPRE! ¿Y si vuelven a salir en el examen? ¿Y si no he estudiado lo

suficiente? ¿Y si no saco un
sobresaliente? ¿Y si tengo que ir a
repaso? ¿Y si no mejoro y suspendo?
¿Y si por culpa de esto no consigo
entrar en la universidad que quiero?
¿Y si no puedo dejar de darle
vueltas? ¿Y si...?

Somos capaces de viajar al futuro o de volver atrás y retroceder hasta el pasado en cualquier momento.[11] ¿Cómo? Con nuestras increíbles mentes. Seguro que te ha pasado alguna vez: un minuto estás en clase, concentrado en la lección, y, de repente, tus pensamientos se adelantan al próximo viernes, a las pruebas para entrar en el equipo de fútbol. Al segundo siguiente, dan media vuelta y retroceden hasta un recuerdo del primer día de clase. Entonces, a toda velocidad, vuelven al futuro, a esa fiesta a la que te han invitado. Todas esas idas y venidas pueden tener lugar en cuestión de segundos; es algo que hacemos constantemente. De hecho, según demuestran algunos estudios científicos, pasamos casi la mitad de nuestro tiempo[12] pensando en el pasado o en el futuro.

Los viajes en el tiempo nos permiten hacer todo tipo de cosas estupendas, pero, si no tenemos cuidado, podemos quedarnos atrapados en el pasado o en el futuro. A menudo somos incapaces de volver al presente, y quedarnos en el pasado o en el futuro nos causa una gran preocupación.

Revivir el pasado

Nuestros cerebros son como grabadoras muy potentes, pero no solo registran imágenes y sonidos, sino que también pueden captar sabores, olores y sensaciones físicas. Pongamos que estás pensando en la ansiedad que sentiste la semana pasada al subir al autobús escolar. Cuando lo recuerdas, quizá tengas la sensación de que todavía puedes oír las risas y los gritos de los demás niños, de que todavía notas el olor del humo que salía del tubo de escape e incluso las náuseas que te provocaba no saber dónde te ibas a sentar. Cuando se reactivan tus sentidos, un pensamiento de preocupación de tu pasado puede hacer que sientas un dolor de preocupación en el presente.

¿Cuáles de tus sentidos se activan cuando te preocupa algo del pasado?

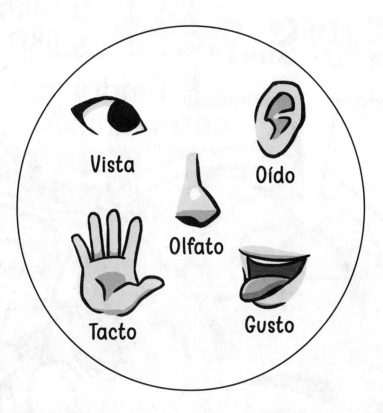

Revivir las preocupaciones del pasado no es precisamente divertido, pero, como ocurre con todas las preocupaciones, pasa por una razón: se supone que debemos ser capaces de recordar vivamente los errores del pasado para aprender de ellos. De ese modo, es menos probable que los repitamos en el futuro. Sin embargo, el verdadero problema empieza cuando tu máquina del tiempo particular —tu mente— no sabe cómo devolverte al presente. Se dedica a reproducir el mal recuerdo una y otra vez y tú experimentas la misma preocupación una vez tras otra, incluso cuando ya has dejado de aprender de la experiencia.

Prepararse para el futuro

Se cree que los seres humanos son la única especie en la Tierra capaz de pensar en el futuro y trazar planes complejos para lo que este les deparará.[13] Pensar en el futuro tiene muchos beneficios; por ejemplo, nos ayuda a tomar decisiones, nos motiva para que alcancemos nuestras metas y nos permite planificar qué hacer ante posibles emergencias. Si te fijas, piensas en el futuro constantemente: planificas tu tiempo para hacer los deberes, entrenas para prepararte para el partido, diseñas un plan de evacuación con tu familia por si hay un incendio... Es una habilidad que usarás durante toda la vida, ¡quizá incluso más cuando llegues a la edad adulta!

Los pilotos, por ejemplo, deben saber cómo lidiar con ciertas situaciones. ¿Y si un pájaro choca contra un avión? ¿Y si se estropea un motor? ¿Y si cae un rayo en el avión? Cuando aprenden a pilotar, no se limitan a leer un libro y hacer un examen escrito: utilizan un simulador de vuelo, una máquina de realidad virtual que les proporciona una experiencia de vuelo lo más parecida posible a la real. En ese simulador, se enfrentan a situaciones peligrosas para ver cómo responden. Es decir, practican cómo reaccionar ante futuros desafíos.

Tu cerebro hace lo mismo. Tiene una herramienta de simulación[14] que considera todos los posibles futuros y te plantea preguntas que empiezan por «y si...» para practicar cómo reaccionarás ante situaciones difíciles. Tu cerebro se plantea preguntas con la esperanza de obtener una respuesta como esta: «Si sucede esto, entonces haré esto otro». Tu cerebro hace planes. ¡Es más o menos como practicar la vida antes de que pase!

Gracias a la ciencia, sabemos que, cuando nos preocupamos, a la parte lógica del cerebro le cuesta más pensar con claridad.[15] Esa parte del cerebro es la responsable de planificar, organizar y tomar decisiones. Intenta simular el futuro y se plantea preguntas que empiezan por «y si...», pero si te preocupas en lugar de trazar planes, puede quedarse atrapado en un círculo sin fin de este tipo de interrogantes. Como ya hemos dicho, a esto lo llamamos «ysismo». Es lo que le pasaba a Luna al principio de este capítulo, cuando estaba pensando en el futuro.

Si te has estado preocupando mucho, es probable que hayas sufrido de ysismo... Y, si te ha pasado, seguramente ya te hayas dado cuenta de que es muy difícil parar. Uno de los problemas para detener el ysismo es que, normalmente, los planes que en teoría deberían aliviar tu preocupación... FRACASAN. Para ayudarte, hemos hecho una lista de los tres errores principales que empeoran el ysismo:

ERROR 1: Chafar. Apartar los pensamientos de tu mente o fingir que no existen son dos formas de tratar de hacerlos desaparecer, y no funcionan. (Es totalmente cierto: la ciencia llama a este mecanismo «supresión»,[16] pero a nosotras nos gusta más llamarlo «chafar».) ¿Has chafado tus pensamientos alguna vez? ¿Funciona?

ERROR 2: Calmar. Si tus padres, tus profesores o cualquier otra persona te dice que «todo irá bien», decimos que intentan tranquilizarte. Si los adultos reaccionan así cuando tienes ysismo, es porque les importas. Sin embargo, aunque quizá te sientas mejor durante unos minutos, esta sensación no suele durar. ¿Intentan calmarte tus padres y tus amistades? ¿Cómo te sientes cuando pasa esto?

ERROR 3: Machacarse. Enfadarte contigo[17] por sufrir ysismo es como pisotearte cuando ya estás en el suelo. Te hace sentir fatal y, encima, no ayuda a que tu preocupación desaparezca. ¿Crees que tienes un abusón interior? ¿Qué aspecto tiene? ¿Qué te dice?

Ahora que sabes lo que no debes hacer cuando tienes ysismo, vamos a darte algunas estrategias que sí funcionan.

¡Haz estos ejercicios!

1. Detén el dominó del ysismo.[18] Cuando una pregunta que empieza por «y si...» se enlaza con otra, y con otra, y con otra, hasta acabar convirtiéndose en una historia desastrosa en el interior de tu mente, ¡estás siendo víctima del efecto dominó! A veces, la mente inventa historias exageradas y poco realistas. Es hora de recuperar tu poder interviniendo en tus pensamientos y fabricando finales más realistas para tu historia.

Poco realista: ¿Y si me va mal el examen? b ¿Y si suspendo la asignatura? b ¿Y si no logro la nota que necesito para entrar en la universidad? b ¿Y si no encuentro un buen trabajo?

Más realista: ¿Y si me va mal el examen? b Tendré que estudiar más o recurrir a un profesor particular. b Es posible que afecte a mi nota final, pero puedo hacer algo al respecto. b Me recordaré que las notas son solo una evaluación sobre cosas que todavía estoy aprendiendo. Si me hacen sentir mal, no pasa nada; lo superaré.

¡Ahora te toca a ti! Intenta convertir tus historias poco realistas en otras más realistas. Pon tus pensamientos «ysistas» en la parte superior de las fichas de dominó y tus pensamientos presentes en la inferior:

¡Detén el DOMINÓ!

POCO REALISTA

REALISTA

93

2. **¡Planifica tus viajes mentales!** ¿Qué lleva la mayoría de gente cuando se va de viaje en coche? Comida, un teléfono con una aplicación de GPS, juegos y, por si acaso algo sale mal, también algunas provisiones para emergencias, ¿no? Pues bien, a tu cerebro también le gusta prevenir para posibles desafíos futuros. Cuando te planteas una pregunta que empieza por «y si...», tu cerebro está intentando planificar futuros desafíos para asegurarse de que tengas las «provisiones» o el plan necesarios. A veces, lo único que necesita es un empujoncito. Es hora de ayudarle en este proceso anotando tu pregunta y respondiéndola con planes de «si..., entonces...».[19]

Ejemplo:

¿Y si levanto la mano, me equivoco en la respuesta y todo el mundo se ríe de mí?
SI levanto la mano, me equivoco en la respuesta y todo el mundo se ríe de mí...
ENTONCES me reiré con ellos y recordaré que cometer errores me ayuda a crecer y que a todos nos pasa.

¡Anota tus preguntas y responde con planes de «SI..., ENTONCES...»!

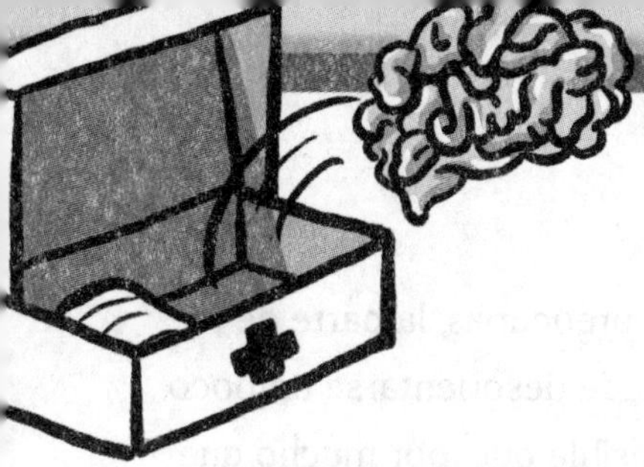

Viajes
MENTALES

¿Y si _____
_____?

Si _____
_____

entonces _____
_____

¿Y si _____
_____?

Si _____
_____

entonces _____
_____

¿Y si _____
_____?

Si _____
_____

entonces _____
_____

3. ¡Calcula los riesgos! Cuando te preocupas, la parte de tu cerebro que calcula los riesgos puede desorientarse un poco. Por eso, si te preocupa volar, es posible que, por mucho que alguien te diga que viajar en avión es menos peligroso que viajar en coche, no conseguirá aliviar tu preocupación. El ejercicio de la página siguiente ayudará a despertar esa herramienta de tu cerebro y aprenderás a no preocuparte en exceso.

- Los seres humanos pasan la mitad de su tiempo preocupados por el pasado y por el futuro. Esto puede causar una forma de preocupación a la que llamamos «ysismo».
- Puedes mejorar tu ysismo si intervienes en tus propios pensamientos: sé realista, haz planes que respondan a tus preguntas que empiezan por «y si...» y calcula los riesgos.

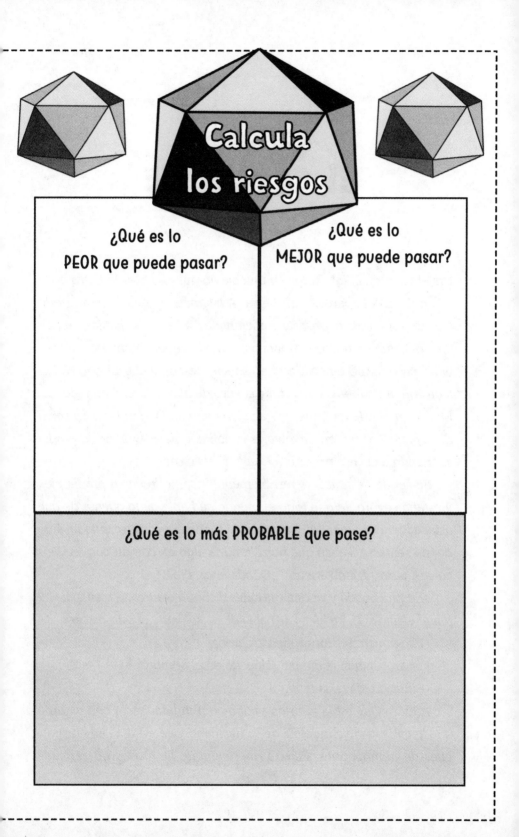

Calcula los riesgos

¿Qué es lo PEOR que puede pasar?

¿Qué es lo MEJOR que puede pasar?

¿Qué es lo más PROBABLE que pase?

CAPÍTULO 6
EL CAMUFLAJE

Era el primer día de Carlos en un colegio nuevo. Cuando entró en la cafetería, a él le pareció una selva. A las mesas había sentadas todo tipo de criaturas: deportistas, aficionados a los videojuegos, miembros del club de teatro... Al menos, eso es lo que le parecía. En cualquier caso, él pertenecía a una especie desconocida. El corazón le latía con tanta fuerza que estaba seguro de que todo el mundo lo oía. Miró a su alrededor y vio que alguien sonreía. Durante una fracción de segundo pensó en devolverle la sonrisa, pero ¿y si no le estaba sonriendo a él? Era mejor ir a lo seguro y apartar la vista.

Se sentía desubicado, terriblemente incómodo en su propia piel, y estaba seguro de que todo el mundo se había dado cuenta de que estaba fuera de lugar. Miró a su alrededor de nuevo, buscando un sitio donde sentarse. Pensó que quizá tendría algo en común con algunos chicos, pero ¿y si no era así? ¿Dónde encajaba?

«Respira hondo y ya está», le había dicho su madre esa mañana. «Intenta relajarte. Te irá bien», le había dicho su padre al salir de casa.

«Eso nunca funciona», pensó Carlos.

Por fin, alguien le dio un golpecito en el hombro.

—¡Eh! ¿Le das a la tabla?

¿Qué? ¿Qué tabla? Carlos estaba confundido, hasta que recordó que llevaba la vieja mochila de su hermano, que estaba llena de parches de monopatines. Pero, a diferencia de él, Carlos no se había *subido en un monopatín en la vida. Hizo una pausa y, al final, contestó:*

—*Sí, claro que le doy. Me paso el día patinando.*

El chico señaló un asiento vacío al lado del suyo y de sus amigos. Carlos se sentó, aliviado por no tener que almorzar solo, pero no consiguió disfrutar de la conversación porque estaba hecho un manojo de nervios. Temía que alguno de los otros niños le preguntara sobre algo de lo que no tenía ni idea y su mentira quedara al descubierto.

Si sientes que a veces no encajas o que casi nunca encajas, debes saber que no solo te pasa a ti. Es doloroso, lo sabemos: todos queremos que nos acepten. Todos queremos pasarlo bien con nuestros amigos y amigas sin tener que luchar con uñas y dientes para formar parte de un grupo. A todos nos preocupa no encontrar nuestro lugar.

Y a veces nos preocupa tanto, estamos tan convencidos de que «deberíamos» encajar, que abandonamos nuestro superpoder de la **originalidad** y fingimos ser alguien que no somos. Escondemos nuestro verdadero yo mediante el camuflaje, aunque no nos haga sentir bien.

«Camuflarse» significa esconder tus verdaderos sentimientos y comportamientos y transformarte en la persona que CREES que debes ser para encajar en una situación o para hacer felices a los demás.

Quizá intentes hacer cosas como las siguientes:

- Fingir que tienes aficiones o que te gustan deportes que nunca has practicado.
- Hablar sobre música de la que no sabes nada.
- Cambiar tu forma de comportarte, tal vez incluso para mal.
- Comportarte en las redes sociales de forma distinta a como lo haces en la vida real.
- Vestirte con ropa con la que no te sientes a gusto.
- Ser desagradable con los demás para sentirte mejor.
- Esconder cosas que te gustan por si las otras personas creen que no molan.

O incluso podrías recurrir a la forma más extrema de camuflaje: hacer todo lo posible para que nadie repare en tu presencia.

La ciencia nos ha enseñado que, cuando una persona se siente desplazada,[20] esa sensación puede activar las mismas partes del cerebro que se activan cuando sentimos dolor físico, es decir, que el rechazo puede doler literalmente. Es horrible, así que no es extraño que intentemos encajar sea como sea. El problema es que, cuando nos camuflamos, nos estamos haciendo daño, porque no somos **originales** ni fieles a nuestro verdadero yo.

La ansiedad social[21]

La ansiedad social, o el miedo intenso a las situaciones sociales, nace de la preocupación sobre lo que los demás piensen de ti. Tal vez te angusties tanto que incluso empieces a evitar a ciertas personas o ciertas actividades. Echa un vistazo a la lista siguiente y rodea todo lo que te preocupa:

Responder preguntas
en clase o en público

Asistir a fiestas o
acontecimientos sociales

Entrar en una sala donde
ya hay gente sentada

Que se metan contigo
o se rían de ti

Actuar en público

Proponer planes a tus
amistades

Dar un discurso

Unirte a una conversación

Hablar con adultos

Establecer contacto
visual

Ser el centro de
atención

Pedir ayuda a un
profesor o profesora

Estar en medio en un
conflicto entre dos
personas

Conocer gente
nueva

Empezar una
conversación con alguien
que te cae bien

Si has rodeado alguna de estas situaciones, estás en muy buena compañía..., ¡la de 7.500 millones de personas! Exacto: todos los seres humanos se han sentido incómodos o han sufrido ansiedad alguna vez ante una situación social. Tal vez sientas que nadie te entiende y que las demás personas que conoces tienen una vida socialmente perfecta. Eso no es así en absoluto: le pasa a mucha gente. Eres increíble. Tienes superpoderes. Simplemente, no consigues salir de algo que llamamos «el Círculo de la Preocupación». Pero nosotras vamos a ayudarte.

El Círculo de la Preocupación

El Círculo de la Preocupación es un ciclo y, cuando no consigues salir de él, te sientes peor con cada vuelta que le das. Funciona así: primero aparecen los mensajes de preocupación, que tal vez sean sobre tu vida social. Te preocupe lo que te preocupe, esos mensajes afectan a tus pensamientos, tus sensaciones y tus actos;[22] es decir, a lo que piensas, sientes y haces.

Lo que piensas: Los mensajes de preocupación se cruzan por tu mente. Algunos ejemplos serían: «Me preocupo demasiado», «Le caigo fatal», «Parece que no tengo ni idea de lo que estoy diciendo» o «Por eso no le caigo bien a nadie».

Lo que sientes: La forma en la que pensamos en nuestra preocupación afecta a lo que sentimos físicamente. En este caso, lo que nos preocupa es la preocupación misma. El resultado es una batalla en el interior de nuestro cuerpo: tal vez sintamos náuseas, mareos, agotamiento, que tenemos fiebre, que nuestros pensamientos dan vueltas y vueltas o que nos sudan las manos.

Lo que haces: Tus pensamientos y tus sensaciones influyen en tus actos. Una de las posibilidades es huir. Si te preocupa ir a una fiesta, quizá finjas que no te encuentras bien para evitarla. Sin embargo, este tipo de acciones te llevan otra vez al círculo: tu preocupación aumenta y empieza el ciclo de nuevo.

Al principio de este capítulo hemos conocido a Carlos, que estaba atrapado en el Círculo de la Preocupación. Este es el aspecto que tenía:

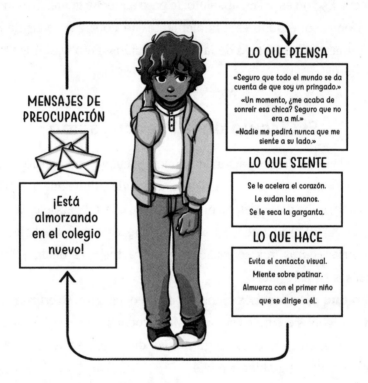

MENSAJES DE PREOCUPACIÓN

¡Está almorzando en el colegio nuevo!

LO QUE PIENSA

«Seguro que todo el mundo se da cuenta de que soy un pringado.»

«Un momento, ¿me acaba de sonreír esa chica? Seguro que no era a mí.»

«Nadie me pedirá nunca que me siente a su lado.»

LO QUE SIENTE

Se le acelera el corazón.
Le sudan las manos.
Se le seca la garganta.

LO QUE HACE

Evita el contacto visual.
Miente sobre patinar.
Almuerza con el primer niño que se dirige a él.

Para ayudar a Carlos (¡y a ti!), ahora trabajaremos en la parte del Círculo de Preocupación relativa a «Lo que piensas». Hace ya un buen rato que te hablamos de la última verdad difícil de asimilar, así que ha llegado el momento de hablarte de otra: muchos de tus pensamientos no son ciertos. Y, cuando te preocupas, pueden ser todavía menos ciertos. ¡No es broma!

Puedes llegar a tener miles de pensamientos cada día, y muchos, muchísimos de ellos son exagerados, poco realistas, retorcidos, tergiversados y, simplemente, erróneos. Si nuestros pensamientos estuvieran jugando a los dardos, la mayoría de las veces no acertarían en la diana. Si fueran caramelos, serían de los masticables, los que puedes retorcer y estirar. Si fueran una atracción de feria, serían el laberinto de espejos. Lo que intentamos decirte con todo esto es que los pensamientos no siempre son lo que parecen; muchas veces contienen fallos o errores.[23]

Al principio del capítulo, Carlos se dio cuenta de que alguien le sonreía, pero estaba convencido de que en realidad no se dirigía a él. Esto fue un error del pensamiento. A este tipo de errores los llamamos «Simas del Pensamiento». En lo que respecta a las situaciones sociales, es frecuente que caigamos en alguna de las cinco Simas del Pensamiento. SIMAS es un acrónimo de Sospechar, Ignorar, Magnificar, Alumbrar y Sobrestimar.

¿SABÍAS QUE...?

Cada segundo, puedes percibir once millones de datos a través de los sentidos y el subconsciente. ¿No es fascinante? Sin embargo, solo eres capaz de prestar atención a entre siete y cuarenta de ellos a la vez. ¿De once millones de datos puede prestar atención a solo siete?[24] Sí: tu cerebro necesita filtrar la información para no sobrecargar los sentidos.[25]

Esto significa que, si estás en un partido de béisbol, tus sentidos pueden captar que hay nueve jugadores en el campo, tres en las bases y un bateador, que el *dugout* y el *bullpen* están llenos de jugadores, que hay miles de espectadores, hierba, tierra, carteles y anuncios, cientos de estadísticas en el marcador; captarán los vítores y los cantos del público, la música, el olor de los cacahuetes, de los perritos calientes y de las palomitas, la temperatura, el tiempo, los bates y las bolas y otros miles de cosas. Sin embargo, ¡es imposible que le prestes atención a todo! Tal vez solo observes al jugador que corre hacia la primera base y te concentres en el sabor de la limonada que estás bebiendo. Prestar atención a solo unas pocas de las cosas que te rodean es un atajo mental. Los atajos mentales nos ayudan a comprender el mundo, pero, como significan que juzgamos las situaciones basándonos solo en una pequeña parte de la información, cometemos errores.

SOSPECHAR

Consiste en tener una corazonada, en adivinar o dar por hecho lo que está pensando otra persona o cómo evolucionará una situación.

IGNORAR

Pasar por alto o ignorar lo bueno o lo positivo de una situación y concentrarse sobre todo en lo malo o negativo.

MALO

MAGNIFICAR

Ver una situación de forma extrema; utilizar palabras como «siempre», «nunca» o «lo peor».

ALUMBRAR

Sentir que estás bajo la luz de los focos y que todo el mundo te juzga de forma negativa.

SOBRESTIMAR

Pensar que un pequeño desafío es mucho mayor de lo que es; es decir, exagerar.

Carlos estaba estresado por encajar en su nuevo colegio. No sabía con quién sentarse y había empezado a preocuparse, así que sus pensamientos estaban llenos de fallos. Echa un vistazo a estas escenas, a ver si descubres en qué Sima del Pensamiento se ha caído Carlos. Escribe tus respuestas en las líneas que hay debajo de cada ilustración.

Si no le digo que patino, pensará que soy un pringado.

Respuesta: Carlos está sospechando, es decir, suponiendo lo que piensa la otra persona. Ha dado por hecho que, si no le contesta que patina al chico que se lo ha preguntado, no le caerá bien.

_____

_____

_____

_____

Respuesta: Carlos está sobrestimando o exagerando sus miedos cuando ha pensado que la cafetería era como una selva.

_____

_____

_____

_____

_____

_____

_____

_____

Respuesta: Carlos se está alumbrando, o poniendo todos los focos sobre él, al pensar que todo el mundo se fija en él y lo juzga negativamente.

Seguro que no me sonríe a mí...

Respuesta: Carlos está ignorando o pasando por alto lo bueno, al pensar que no es posible que alguien le sonría a él.

Ahora que ya conoces el Círculo de la Preocupación y las Simas del Pensamiento, es hora de aprender cómo aparecen en tu vida.

¡Tu Círculo de la Preocupación!

Cuando recibes un mensaje de preocupación, este afecta a lo que piensas, lo que sientes y lo que haces. Piensa en una situación social o de cualquier tipo que te haya causado preocupación y rellena tu círculo. ¡No te olvides de dibujarte en el centro!

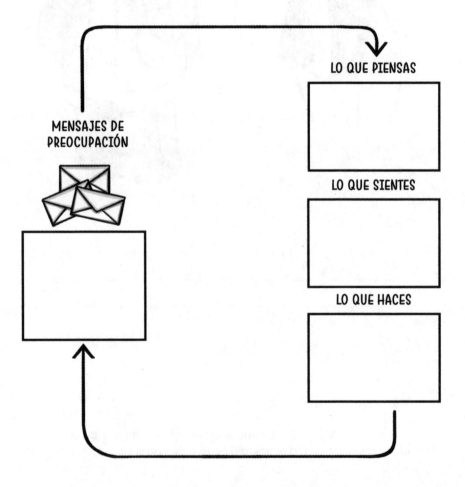

¡Cierra las SIMAS!

Cuando te caes en una Sima del Pensamiento, no piensas con claridad. Para cerrarlas, usaremos una técnica desarrollada por la empresa de Renee, GoZen!, llamada «el proceso de las 5C». En este proceso harás lo siguiente:

1. Capturar el pensamiento de preocupación.
2. Comprobar si te has caído en una Sima del Pensamiento.
3. Conseguir pruebas que refuten el pensamiento.
4. Combatir el pensamiento mediante un debate interno.
5. Cambiar el pensamiento por uno más exacto.

En el ejemplo siguiente veremos cómo avanzar a través de las 5C. Después ¡podrás probar el proceso por tu cuenta!

1. CAPTURA EL PENSAMIENTO

*INICIO

Escribe un pensamiento de preocupación:

> Siempre que entro en el colegio, todo el mundo se me queda mirando y piensa que llevo ropa rara.

2. COMPRUEBA LAS SIMAS

Magnificar: He utilizado la palabra «siempre».

Alumbrarse: Creo que todo el mundo me mira y me juzga.

☐ **SOSPECHAR**
Tener una corazonada, adivinar o dar por hecho lo que está pensando otra persona o cómo evolucionará una situación.

☐ **IGNORAR**
Pasar por alto o ignorar lo bueno o lo positivo de una situación y concentrarse sobre todo en lo malo o negativo.

☒ **MAGNIFICAR**
Ver una situación de forma extrema; utilizar palabras como «siempre», «nunca» o «lo peor».

☒ **ALUMBRAR**
Sentir que estás bajo la luz de los focos y que todo el mundo te juzga de forma negativa.

☐ **SOBRESTIMAR**
Pensar que un pequeño desafío es mucho mayor de lo que es; es decir, exagerar.

3. CONSIGUE

PRUEBAS QUE REFUTEN EL PENSAMIENTO

A veces la gente me mira, pero normalmente están ocupados buscando algo en sus taquillas o charlando con los demás antes de entrar en clase. La mayoría del tiempo, nadie dice nada sobre mi ropa.

4. COMBATE

EL PENSAMIENTO: TEN UN DEBATE INTERNO

Siempre que entro en el colegio, todo el mundo se me queda mirando y piensa que llevo ropa rara.

5. CAMBIA

EL PENSAMIENTO

En realidad, no parece que nadie piense que mi ropa es rara.

FIN

1. CAPTURA *INICIO
EL PENSAMIENTO

Escribe un pensamiento
de preocupación:

2.
COMPRUEBA
LAS SIMAS

SOSPECHAR
Tener una corazonada,
adivinar o dar por hecho lo
que está pensando otra persona o
cómo evolucionará una situación.

IGNORAR
Pasar por alto o ignorar lo
bueno o lo positivo de una
situación y concentrarse sobre
todo en lo malo o negativo.

MAGNIFICAR
Ver una situación de forma extrema;
utilizar palabras como «siempre»,
«nunca» o «lo peor».

ALUMBRAR
Sentir que estás bajo la luz de los
focos y que todo el mundo te juzga
de forma negativa.

SOBRESTIMAR
Pensar que un pequeño desafío es
mucho mayor de lo que es; es decir,
exagerar.

117

¡Sube la escalera![26]

En la mayoría de Círculos de la Preocupación, la sección «Lo que haces» suele estar llena de frases como «hui», «lo ignoré», «hice como si no existiera», etc. En otras palabras, acabamos EVITANDO la situación o la persona que hace que nos preocupemos. Hemos leído muchos artículos científicos sobre este mecanismo y, más o menos, pueden resumirse así: evitar lo que te preocupa acaba por agravar tu ansiedad.

Lo que necesitamos es un plan para evitar... evitar. Sí, ahí tenemos un doble negativo, algo que, como seguro que ya sabes, da como resultado un positivo. Y, en este caso, «positivo» significa exponerse. Mostrarte poco a poco ante la persona o la situación que te preocupa acabará aliviando tu preocupación. A este enfoque gradual lo hemos llamado «subir la escalera». ¡Inténtalo!

Piensa en una situación o en una persona a la que evites y que te encantaría dejar de evitar. Define cuál es tu objetivo en esta situación, por ejemplo: «Quiero iniciar una conversación con Jeremy».

PASO 4

Me acercaré a Jeremy
y empezaré una
conversación.

PASO 3

Saludaré a Jeremy con
la mano.

PASO 2

Sonreiré a Jeremy.

PASO 1

Empezaré una
conversación con un
buen amigo.

Tu escalera puede tener más o menos peldaños. Puedes subir cada uno varias veces, hasta que hacerlo te resulte muy fácil. Entonces habrá llegado el momento de pasar al siguiente.

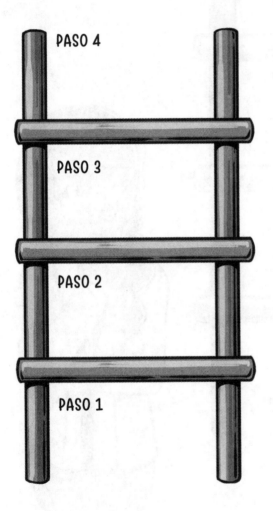

PASO 4

PASO 3

PASO 2

PASO 1

¡Dibújate!

IDEAS CLAVE

- El dolor del rechazo activa partes del cerebro parecidas a las que activa el dolor físico, así que no es raro que intentes cambiar tu personalidad para evitarlo y encajar en situaciones sociales. A esto se le llama «camuflaje».
- El Círculo de la Preocupación nos muestra cómo las situaciones que nos preocupan influyen en nuestros «Lo que pensamos», «Lo que sentimos» y «Lo que hacemos».
- A veces, tus pensamientos pueden ser poco realistas o contener errores a los que llamamos «Simas del Pensamiento». Puedes luchar contra ellas con el proceso de las 5C.

CAPÍTULO 7
LA CRISÁLIDA

¿Qué significa para ti el perfeccionismo? ¿Quiere decir que tienes unos niveles de exigencia muy altos? ¿Que te marcas metas muy difíciles? ¿Tiene que ver con tu desempeño? ¿Con tu aspecto? ¿Significa que no descansas hasta que las cosas están tal y como tú quieres?

Todo el mundo entiende el perfeccionismo a su manera, pero vamos a contarte un secreto: según nuestra experiencia, ¡el perfeccionismo es uno de los conceptos más incomprendidos que existen! Va totalmente en serio: para muchos niños y niñas (e incluso para gente en edad adulta), ser perfeccionista no tiene que ver con el deseo de mejorar en algo, sino que consiste en ser YA la persona que mejor lo hace. Como bien sabes, la mayoría de la gente no sabe hacer las cosas a la perfección desde el principio. De hecho, empezamos haciéndolas bastante mal y luego, a base de práctica y esfuerzo, vamos mejorando. Sin embargo, cuando eres perfeccionista, no quieres que nadie vea esas fases del aprendizaje. Quieres esconder el esfuerzo, los defectos, el trabajo, la práctica y el error. Quieres fingir que nada de eso es necesario. Quieres empezar..., bueno, haciéndolo a la perfección.

Y aquí está el quid de la cuestión: el perfeccionismo no es un problema porque implique hacerlo todo bien, sino porque a menudo implica **no hacer nada en absoluto**. El perfeccionismo tiene mucho que ver con evitar: evitar los desafíos, el trabajo, el esfuerzo. Evitar los riesgos. Evitar a la gente que tal vez sea más habilidosa que tú; evitar cualquier cosa que nos pueda acercar mínimamente al error o al fracaso. Así pues, mientras la mayoría de la gente cree que el perfeccionismo consiste en esforzarse para ser excepcional, en realidad consiste justo en lo contrario. Y, por supuesto, nosotras vamos a contarte qué puedes hacer al respecto.

Pero, antes de hacerlo, echa un vistazo a este cuestionario. No te angusties por tus respuestas; ¡piensa que lo escribieron un par de perfeccionistas en recuperación! (Igual que el resto del libro, claro.)

¿Te sientes con la obligación de ser el o la mejor en todo lo que haces?	Sí/No
¿Te avergüenza cometer errores?	Sí/No
¿Te preocupa decepcionar a tus amistades, padres o profesores?	Sí/No
¿Evitas proyectos o actuaciones porque te da miedo no hacerlo lo bastante bien?	Sí/No
Cuando haces los deberes o trabajas en un proyecto, ¿lo haces todo una y otra vez porque necesitas que quede perfecto?	Sí/No
¿Te da miedo que tus amistades o tu familia te den una valoración sobre lo que haces?	Sí/No
¿Tardas mucho tiempo en tomar decisiones porque te da miedo equivocarte?	Sí/No
¿Planificas las cosas con muchos meses de antelación porque te preocupa que algo salga mal si no lo haces?	Sí/No
¿Pones excusas (por ejemplo, «No me encuentro muy bien») antes de actuar o de hacer un examen?	Sí/No
¿Piensas una y otra vez en los errores que has cometido?	Sí/No

A lo largo de nuestra vida, ha habido veces en las que nosotras habríamos rodeado «Sí» en cada una de las preguntas de esta lista, así que no te alarmes si a ti te ha pasado lo mismo. Lo único que significa es que eres humano... y que tal vez seas un poco perfeccionista. Pero el primer paso para romper con esos hábitos poco saludables es ser consciente de lo que sucede.

El perfeccionismo consiste en esconder nuestras imperfecciones y no correr riesgos porque nos sentimos vulnerables.[27] Cuando nos sentimos vulnerables al fracaso, formamos crisálidas protectoras a nuestro alrededor para protegernos de la amenaza del error. La mayoría de las personas perfeccionistas que conocemos han perdido sus superpoderes y han terminado en el interior de una crisálida.

CRISÁLIDA

7 INCONVENIENTES DEL PERFECCIONISMO

1 No ser **nunca** SUFICIENTE

2 Necesidad de **complacer**

3 EL MIEDO A METER LA PATA

Vivir en una crisálida no es cómodo. Sí, claro, estar en su interior quizá evite que cometas errores, pero también te impide... ¡todo lo demás! Las crisálidas no te ayudan a esforzarte más. No te inculcan valentía ni capacidad de decisión. Y, encima, no dejan que nadie vea tu verdadero yo. Entonces ¿qué puedes hacer para salir de tu crisálida?

Podemos aprender de las personas que están pasando por lo mismo. Como ya sabes, hemos conocido a muchos niños y niñas y hemos oído muchas historias. A continuación leerás siete formas distintas en las que las crisálidas y el perfeccionismo se interpusieron entre sus protagonistas y sus superpoderes, y también sobre las estrategias que usaron (¡y que tú también puedes usar!) para salir de ellas.

Para Nadya, nunca era suficiente

Cuando Nadya se miraba al espejo, siempre se veía algún fallo. Tenía el pelo liso, pero quería tenerlo rizado. Sin embargo, cuando se lo rizaba, se lo veía chafado y sin gracia. Como odiaba toda su ropa, se compró ropa nueva, pero entonces le parecía que le quedaba fatal. Y el pensar que nunca era suficiente no se limitaba a su aspecto: una vez nos enseñó un examen para el que había estudiado mucho. Había sacado un 9,6, pero, en lugar de estar contentísima, no dejaba de lamentarse por no haber llegado al 10. Sus publicaciones en las redes sociales nunca conseguían los «me gusta» suficientes. No tenía «suficientes» amigos. No hacía lo «suficiente». Nadya nunca se sentía suficiente.

SOLUCIÓN: Hagamos un breve experimento mental. ¿Y si un profesor o profesora te dijera que has sacado 39 puntos? No tienes más información aparte de ese número. No sabes si son 39 puntos en un juego o en un examen, ni cómo los has ganado. ¿Crees que 39 puntos es un buen resultado? Es difícil de decir, ¿verdad? Si no puedes comparar ese número con los puntos que han sacado los demás, con el máximo posible de puntos o con la media de la clase, no tiene sentido hablar de «buen» o «mal» resultado. Nadya aprendió que si sentía que nunca era suficiente era porque se estaba basando en una comparación. Había comparado el 9,6 que había sacado en el examen con el máximo, 10, y había decidido que un 9,6 no era «lo bastante bueno». Estas son las herramientas a las que Nadya recurrió para dejar atrás esa sensación:

¿Qué hay debajo del pato?

Cuando ves que una persona hace algo «mejor» que tú (sacar notas más altas, jugar en una posición mejor o superarte en cualquier cosa), es como cuando ves un pato que se desliza grácilmente a través del agua. El pato hace que parezca fácil desde la superficie, pero lo que no ves es que por debajo del agua está moviendo las patas rapidísimo. Cuando crees que para otra persona es fácil tener éxito, ¡no te olvides de mirar debajo del pato! Escribe algunas palabras más encima del agua (los méritos que ves en los demás) y también debajo (el esfuerzo y el trabajo duro que quizá no veas).

Acciona el interruptor

Adelante, compárate con los demás: lo hacemos todo el tiempo, así que no te pediremos que te contengas. Pero, cuando te compares con otra persona, acciona el interruptor para pasar de sentir envidia a sentir inspiración. ¿Hay alguien que viste con más estilo que tú? ¿Qué puedes aprender de esa persona? ¿O alguien que juega mejor al baloncesto que tú? ¿Cuál de sus esfuerzos puede inspirarte? ¿Cómo pasas de la envidia a la inspiración? Visualízalo como un interruptor que debes accionar en tu interior.

Rellena esta frase para accionar el interruptor:

Me inspira _____

y cómo él/ella _____.

Esta es la acción que ha inspirado en mí:

_____

_____

_____

_____

_____

La necesidad de complacer de Philippe

Philippe caía genial a todo el mundo en cuanto lo conocían. ¡Era tan simpático y tan educado! La gente siempre parecía tener alguna cosa en común con él. Daba la impresión de que siempre decía o hacía algo que los hacía felices... Y resulta que eso era exactamente lo que él pretendía. A Philippe le angustiaba tanto el conflicto, le preocupaba tanto no ser perfecto a ojos de los demás, que se sacrificaba a sí mismo por completo. JAMÁS le llevaba la contraria a nadie. Formaba parte del equipo de gimnasia porque le daba miedo decirle a su madre que lo quería dejar. Siempre accedía a ayudar a los demás, incluso cuando se quedaba sin tiempo para él. La crisálida de Philippe lo protegía de las opiniones potencialmente negativas de otras personas, pero lo hacía sentir desgraciado e incompleto casi todo el tiempo.

SOLUCIÓN: Philippe se dio cuenta de que estaba desperdiciando todo su «jugo vital». El jugo vital procede de las cosas esenciales que debes hacer o asimilar cada día para sentirte lo mejor posible. Ya conoces algunos de sus ingredientes: la comida y el sueño. Sin embargo, los demás son igual de importantes: negarte a hacer lo que no quieras hacer, proteger tu propio tiempo y vivir en sintonía con tus valores. Cuando dejas estas cuestiones de lado para complacer a los demás, el jugo se gasta y empiezas a preocuparte. Así pues, Philippe empezó a rellenar su jugo con diversos ingredientes básicos para él. Y tú, ¿con qué lo rellenas? ¿Qué elementos debes añadir a tu autocuidado? Dibuja tus ingredientes esenciales en la imagen.

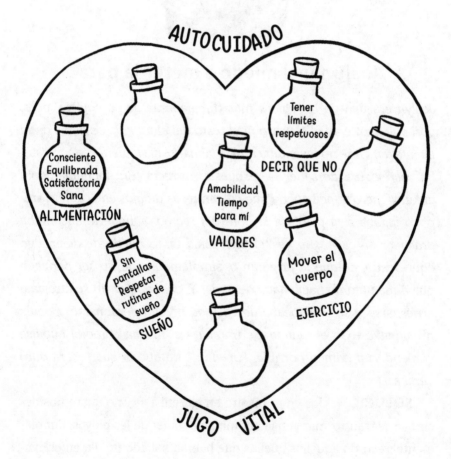

Joslyn y el miedo a meter la pata

Joslyn era una de las chicas más trabajadoras de su colegio, pero, probablemente, ni el claustro ni el resto del alumnado se había dado cuenta: en clase no levantaba nunca la mano, ni siquiera cuando estaba casi segura de saber la respuesta correcta. Era increíblemente creativa, pero nunca quería que colgaran sus dibujos en el aula. Tampoco jugaba a la pelota a la hora del recreo, aunque le encantaba practicar en casa. ¿Lo ves? Joslyn tenía tanto miedo de decir algo equivocado, de que la juzgaran o, simplemente, de no ser perfecta, que a menudo no hacía nada de nada. Y, cuando por fin se atrevía a arriesgarse y se equivocaba, le costaba mucho perdonarse y pedía disculpas a todo el mundo. Se trataba a sí misma como si hubiese cometido un crimen horrible. Para la gente que la quería, era duro verla así.

SOLUCIÓN: ¡Joslyn se inspiró en el Yeti! Y no, no queremos decir que se transformara en la abominable mujer de las nieves. Simplemente, recordó aquellas huellas que habían hallado un día en el Everest. Al principio, la gente pensó que pertenecían al hombre de las nieves, pero, en lugar de darlo por hecho y tener miedo, hubo quien decidió seguir investigando... hasta descubrir que, en realidad, aquellas huellas no eran del Yeti..., ¡sino de un oso! Joslyn comprendió que nadie nace experto. ¡Imagina lo que pasaría si todo el mundo fuera capaz de hacerlo todo con maestría nada más nacer! ¡Seríamos como robots! Los seres humanos llegamos al mundo siendo imperfectos y mejoramos a base de práctica y esfuerzo, un proceso que puede ser muy gratificante. Cuando llegaste al mundo, no sabías ni caminar ni hablar, pero lo intentaste, te caíste y luego lo volviste a intentar, hasta que aprendiste a hacer ambas cosas. Lo mismo sucede con todo lo que no sabes hacer. Si empiezas a aprender algo y no se te da bien, intenta utilizar una palabra muy poderosa: «TODAVÍA». Cambia frases como «Esto no se me da bien» por «Esto no se me da bien... TODAVÍA». Completa el ejercicio siguiente:

La organización excesiva de Clayton

Un día, el padre y la madre de Clayton se dieron cuenta de que su hijo estaba estresado con el colegio. Hacía listas de las cosas que tenía que hacer constantemente, llenaba páginas y páginas de apuntes muy detallados, tenía todo el año planificado en un calendario y se organizaba los deberes y el escritorio a la perfección. Además, si alguna vez encontraba algo fuera de lugar, se disgustaba muchísimo. Para ayudarle a tomarse un descanso y relajarse, organizaron un viaje sorpresa a Florida para ver al resto de la familia. Aunque irse de viaje no era mala idea, es posible que el elemento sorpresa sí fuese un error. Decir que Clayton sufrió de ansiedad al enterarse de que al día siguiente tenían que subir a un avión sería quedarse corto. ¿Y si se olvidaba de meter algo en la maleta? ¿Y si se perdía una clase importante? ¿Y si se quedaban dormidos y perdían el avión? ¿Cómo planificarían el día cuando estuvieran allí? Clayton quería que todo fuese siempre perfecto, así que se había fabricado una crisálida con planes, alarmas, listas e infinidad de detalles. Le costaba horrores aceptar algo espontáneo, incluso si eran planes tan divertidos como unas vacaciones.

SOLUCIÓN: Clayton se dio cuenta de que, cada vez que sucedía algo inesperado, sentía que se desviaba del camino hacia sus metas y eso hacía que se preocupara muchísimo... ¡Hasta que aprendió a hacer WOOP![28] Igual que Clayton, la mayoría de la gente que se marca objetivos se concentra solo en el final o en el objetivo en sí mismo. Aunque eso parece lógico, la razón principal por la que no logramos alcanzar nuestras metas es porque nos enfrentamos a un obstáculo que nos desvía del camino. Existe una estrategia de consecución de objetivos creada por una científica genial que se centra tanto en el objetivo en sí mismo como en trazar planes para superar los posibles obstáculos. Además, tiene un nombre muy divertido: ¡WOOP! Este método te ayudará a seguir tu camino, incluso si encuentras obstáculos, porque ya habrás trazado un plan para enfrentarte a los problemas que se te presenten. Puedes utilizar el diagrama de la página siguiente para plantearte tu próxima meta u objetivo a través del método WOOP, que, según sus siglas en inglés, significa «Deseo, Resultado, Obstáculo, Plan».

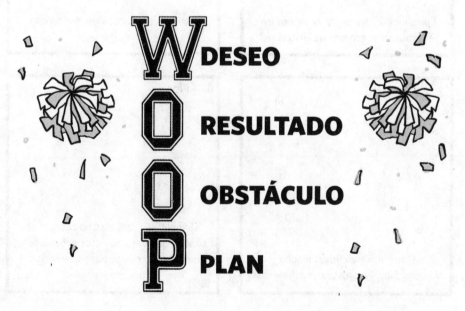

W DESEO

O RESULTADO

O OBSTÁCULO

P PLAN

WOOP, ¡A POR ELLO!

Intenta plantearte tu próximo objetivo utilizando el método WOOP (Deseo, Resultado, Obstáculo, Plan). Escribe o dibuja en estos recuadros:

1. — Deseo

Ejemplo: «Quiero sacar al menos un notable en el examen de Historia».

2. — Resultado

Ejemplo: «Si lo consigo, me sentiré muy bien».

3. — Obstáculo

Ejemplo: «Me cuesta mucho estudiar. Procrastino mucho».

4. — Plan

Ejemplo: «Si procrastino cuando se supone que debería estar estudiando, llamaré a un amigo para que venga a estudiar conmigo».

Flynn, el policía del Perfeccionismo

Construirte una crisálida para ti e intentar protegerte de los errores a toda costa ya es problemático, pero Flynn iba mucho más allá. Formó su crisálida alrededor de todas las personas de su entorno. Corregía a los demás constantemente y les decía cómo hacer «mejor» las cosas. A menudo se quejaba sobre los demás jugadores de su equipo de fútbol y hacía comentarios sobre sus jugadas. La comida de los restaurantes nunca estaba cocinada de la forma adecuada y a él le gustaba hacérselo saber a los camareros. Aunque sus amistades y su familia lo querían mucho, estar a su lado no era nada fácil. Flynn necesitaba que todo el mundo tuviera claro que sus niveles de exigencia eran muy altos. Por suerte, un día empezó a reconocer su preocupación, su crisálida y su desafortunada necesidad de compartir su perfeccionismo con los demás.

¡No es lo bastante bueno!

SOLUCIÓN: Flynn llegó a la conclusión de que había llegado el momento de dejar ir las cosas que escapaban a su control. Es mucho más fácil decirlo que hacerlo, pero el primer paso es muy sencillo: descubrir qué puedes controlar y qué no. Las cosas que puedes controlar son las que puedes cambiar un poco o mucho con tus propios actos. Después de descubrir cuáles son, concentra tu atención en ellas y empieza a hacer cambios donde te parezca necesario. Cuando lo consigas, empezarás a pasar menos tiempo preocupándote por las cosas que escapan a tu control.

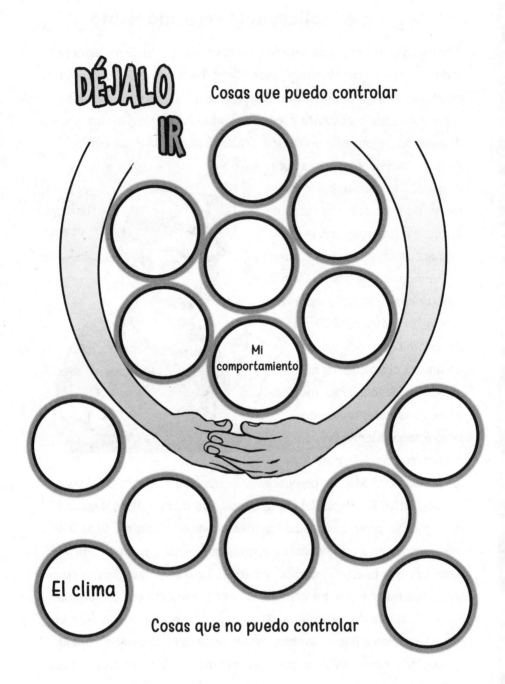

DÉJALO IR

Cosas que puedo controlar

Mi comportamiento

El clima

Cosas que no puedo controlar

Lydia, la chica que vivía en la Procrasti-Nación

A Lydia le habían puesto etiquetas bastante desagradables. La habían llamado desordenada, desorganizada, lenta, desmotivada y directamente vaga. Sí, era cierto que se dejaba muchas cosas para el último momento y que a menudo se retrasaba, pero ella no creía que eso la hiciera vaga. ¡Y tenía razón! La razón por la que Lydia procrastinaba era porque ella también estaba en una crisálida. Le preocupaba tanto cometer errores en sus proyectos, sus deberes o su vida social que posponía el momento de dedicarse a sus responsabilidades. Lydia vivía en la Procrasti-Nación.

SOLUCIÓN: Lydia se dio cuenta de que se había marcado objetivos demasiado grandes. Sus metas la abrumaban tanto que se rendía antes incluso de empezar, lo que la llevaba a procrastinar. Así pues, en lugar de marcarse objetivos grandes que la preocuparan, Lydia aprendió a marcarse objetivos pequeñitos. Es como cuando los corredores y corredoras de maratones dividen el gran objetivo de los 42 kilómetros en distancias más cortas y se marcan como objetivo correr 8 kilómetros, por ejemplo, o incluso menos.

Queremos que dividas tus grandes objetivos en objetivos más pequeños.[29] De hecho, queremos que los hagas tan pequeños que incluso te parezcan una tontería. Se trata de que al final sean tan tan chiquitos que sea imposible no cumplirlos. ¡Que sea imposible fracasar! Tu primer objetivo podría ser «escribir una frase», «hacer una flexión» o «abrir el libro». ¡Cualquier cosa! Dar el primer paso para alcanzar tu meta es la única forma de cumplirla. La ciencia nos ha demostrado que pasar a la acción es el doble de efectivo que cambiar tu forma de pensar,[30] así que no te preocupes si no te apetece hacer algo... ¡Y hazlo de todos modos!

El monstruo interior de Marsheila

Personas de todas las edades hablan a menudo de las voces que oyen en su cabeza: sus voces interiores, el sonido de sus preocupaciones. Pero Marsheila no solo tenía una voz interior: tenía un monstruo interior. Sus pensamientos eran muy malos con ella: «¡No eres lo bastante buena para estar aquí!», «No le caes bien a nadie», «Si no estudias más, seguro que suspendes», «Nunca serás tan buena como Claudia». Al final, los pensamientos de Marsheila pudieron con ella y se rindió. Dejó de correr riesgos, dejó de mostrarse al mundo. Se refugió en su crisálida.

SOLUCIÓN: En el fondo, Marsheila sabía que jamás se habría atrevido a hablar a sus amigos como se hablaba a sí misma. Nosotras, a esa voz tan desagradable que oía dentro de sí, la llamamos «el monstruo interior». Ese monstruo no solo es capaz de hacerte sentir fatal, sino que, como la ciencia nos ha demostrado, también puede hacer que te resulte más difícil alcanzar tus metas.[31] Así es como Marsheila aprendió a cambiar esa voz: empezó a escribirse cartas a sí misma como si fuera su mejor amiga. Escríbete una nota con la voz de tu mejor amiga o amigo aquí debajo. Puede ser sobre el tema que prefieras; simplemente, recuerda que debe escribírtela una persona a quien le importas mucho.

QUERIDO/A MEJOR AMIGO/A:

Si no necesito ser perfecto...,
entonces ¿qué?

Para algunas personas, el perfeccionismo siempre será sinónimo de trabajo duro, dedicación, exigencia y máximo esfuerzo, ¡y eso es estupendo! Todas esas cualidades son fantásticas, y nos encantaría que siguieras aprovechando las partes buenas del perfeccionismo siempre que seas capaz de deshacerte de todo lo que te causa dolor. Nos encantaría que salieras de esa crisálida de preocupación y que redescubrieras el superpoder de la **desenvoltura**.

IDEAS CLAVE

- El perfeccionista no busca hacerlo todo bien, sino que tiene miedo al fracaso y evita situaciones en las que podría cometer errores.
- Cuando intentas parecer una persona perfecta, al final, dejas de implicarte en tu propia vida: te refugias en tu crisálida.
- Cuando estás en una crisálida, tratas de protegerte de tus errores, pero también te impides correr riesgos, crecer y vivir la vida.

Agotado ya. Solo son las 6. La verdad es que la vida es un rollo. ¡¿Todo esto para tener éxito?! No merece la pena. Me vuelvo a la cama #demasiadascosasquehacer

CAPÍTULO 8
EL HASTÍO

¡Siempre tenemos tantas cosas que hacer! Pero ¿por qué? Esa es una buena pregunta: «¿Por qué?». Es una de las primeras que aprendemos a hacer y una de las que jamás deberíamos dejar de plantearnos. ¿Por qué tengo tanto que hacer? ¿Por qué hago los deberes de Matemáticas? ¿Por qué toco un instrumento? ¿Por qué debo limpiar mi habitación? Son buenas preguntas, aunque estamos seguras de que te resultaría muy fácil responderlas: «Porque tengo que sacar buenas notas. Porque necesito una beca para ir a la universidad. Porque he de encontrar un buen trabajo. Porque un día necesitaré tener mi propia casa». Son tantos los niños y las niñas con los que hemos hablado —y de todo tipo de edades— que nos han dado esas mismas respuestas a lo largo de los años que estamos empezando a pensar que todo el mundo sigue un mapa secreto que contiene los mismos destinos: buenas notas, universidad, buen trabajo, tener una casa... Es como si todos tuviéramos que seguir una misma ruta o nos perderíamos en el camino que lleva a una buena vida. De hecho, si existiera un mapa así, ese no sería un mal nombre: Mapa de la Buena Vida.

Ese mapa sería ENORME e incluiría muchas paradas a las que se tardan años en llegar. Es un viaje agotador. ¡No nos extraña que tanta gente haya acudido a nosotras hastiada! En ese mapa, hay solo una carretera muy estrecha que lleva al destino al que todo el mundo quiere llegar: la felicidad. ¿Te suena de algo ese camino? Si no te desvías de él y sacas buenas notas, te apuntas a actividades extraescolares, entras en una buena universidad y finalmente te casas y tienes hijos, POR FIN habrás alcanzado tu objetivo: la FELICIDAD.

La mayoría de nosotros tiene un mapa como este en su vida. Incluye todos los objetivos, grandes y pequeños, que creemos que nos llevarán a la felicidad.

Es posible que el tuyo sea algo distinto. Dibuja tu Mapa de la Buena Vida en este recuadro:

Por supuesto, estos mapas tienen una serie de problemas. En primer lugar, en cuanto te desvías de ese camino tan estrecho, aunque solo sea un poco, caes en un mar de preocupación, miedo y ansiedad.

En segundo lugar, y esto es aún más problemático, ese destino —la felicidad—, en realidad, no existe. ¡Esta sí que es una verdad difícil de asimilar!

Ya sabemos lo que estás pensando ahora mismo: «¡Pues claro que existe la felicidad!». Y tienes razón: claro que existe. Nosotras también la hemos sentido y es una sensación maravillosa. Simplemente, no existe de la forma en la que la mayoría de la gente cree; pero en eso profundizaremos dentro de un rato. Primero queremos terminar de hablarte de los problemas de ese mapa.

En tercer lugar, ese camino no es seguro: está lleno de peligros. Y cuando buscamos la felicidad y nos vamos encontrando con todo tipo de dificultades, nuestro superpoder de la **energía** (que consiste en tener ganas de vivir y pasión por aprender) se agota y terminamos presas del hastío; es decir, hartos, exhaustos y constantemente preocupados.

Acerquémonos un poco más a ese camino para ver todos los lugares que nos pueden causar problemas y hacernos sentir hastío:

Señales de tráfico equivocadas: Los «deberías»

Comienzas a asimilar todos los «deberías» que has oído a lo largo de tu vida y te los empiezas a repetir mentalmente: «Debería sacar buenas notas y debería esforzarme más», «Debería hacer muchas actividades», «Debería ser más sociable...».

Guardarraíles rotos: Sin margen para errores

No tienes margen para el error: el camino hacia la felicidad es muy estrecho. En cuanto te desvías un poco (por ejemplo, si sacas malas notas), caes en el mar de la preocupación.

Publicidad engañosa: Motivación incorrecta

Conducir por este camino no es fácil, pero algunas veces, para que sigas avanzando, tus profesores, tus padres y los demás adultos te ofrecen recompensas y halagos o incluso te castigan para incentivarte. Lo hacen por amor, pero, al final, eso acaba por dejarte sin motivación.

Ir a rebufo: Pisar los talones a los demás

A veces consigues alcanzar algunas de tus metas, pero no te da tiempo a celebrarlo porque ves que los demás ya están corriendo hacia su próximo objetivo. Así no disfrutas del viaje: no puedes detenerte a oler las rosas ni sentir agradecimiento ni nada parecido, porque tienes que seguir adelante.

Identidad falsa: Pegatinas

Tu identidad está atada a lo que consigues. Te olvidas de quién eres realmente y te conviertes en una persona que depende de sus notas, sus trofeos y sus méritos. Estos éxitos son temporales y puedes enorgullecerte de ellos, pero no te definen.

¡Encuentra los obstáculos!

Al principio de este capítulo, has visto una publicación en las redes sociales de un amigo nuestro que estaba hastiado. Nos gustaría hablarte un poco más sobre él y también querríamos que identificaras algunas de las paradas de su Mapa de la Buena Vida. ¿Crees que podrás decirnos qué obstáculos se ha encontrado en el camino y lo han llevado al hastío?

Franklin hacía de todo: practicaba deportes, tocaba en una orquesta, daba clases de refuerzo a otros chicos y chicas de clase de Matemáticas... Estaba siempre ocupadísimo. Era el menor de cuatro hermanos y todos ellos eran unos excelentes modelos a seguir. Su hermana mayor había sido la primera de la clase y había ganado una beca para ir a una buena universidad. Su hermano mayor era la estrella del equipo de baloncesto y tenía millones de amigos, y su otra hermana era un prodigio del violonchelo. Franklin era un estudiante de matrícula de honor, se le daba genial el jiu-jitsu (que era lo que más feliz le hacía) y no tocaba nada mal el violín. Pero, por alguna razón, nunca le parecía suficiente. Necesitaba hacer más. Se esforzó para asistir a clases más difíciles, se apuntó a baloncesto y empezó a levantarse cada día a las cuatro de la madrugada para practicar violín en el sótano. Las clases lo estresaban, el baloncesto le aburría y estaba exhausto todo el tiempo, pero con aquellas clases subía la nota media, jugando a baloncesto hacía más amigos y logró ser segundo violín en la orquesta.

Su tío y su tía habían ido a la universidad y vivían en una casa muy bonita. En el sótano tenían un cine, una ducha con hidromasaje y un patio tan grande que te podías perder en él. Cuando Franklin era pequeño y fue a visitarlos por primera vez, supo de inmediato que quería vivir en un sitio así cuando fuera mayor.

—Si quieres avanzar en la vida —le dijo una vez su tía—, deberías intentar esforzarte más que quien tengas al lado.

«*Parece bastante fácil*», pensó Franklin. *Jamás olvidó aquellas palabras: se convirtieron en su motivación. Esas palabras y esa casa.*

*Pero cuando nosotras conocimos a Franklin, había perdido casi toda su energía y su ambición. Era evidente que estaba hastiado. Sus notas habían empezado a bajar porque ya no le apetecía estudiar, pero la posibilidad de dejar de sacar matrículas de honor le aterrorizaba. Había dejado el jiu-jitsu, lo único que amaba, porque después del entrenamiento de baloncesto ya no le quedaban fuerzas para practicar. Había perdido algunos amigos íntimos porque siempre estaba cansado y malhumorado, y su ansiedad empeoraba con cada día que pasaba. Su superpoder de la **energía** había desaparecido.*

1. Dibuja el Mapa de la Buena Vida de Franklin en este recuadro.
2. Añade los obstáculos que Franklin se encontró por el camino.

El problema de la felicidad[32]

Queremos dejarlo claro: no tenemos nada en contra de la felicidad. ¿Quién no querría ser feliz? ¡Es maravilloso! Simplemente, pensamos que existen IMPORTANTES malentendidos y mitos sobre lo que es en verdad la felicidad. Para explicarte mejor el problema de la felicidad, creemos que ha llegado la hora de...

¡Acabar con los mitos!

MITO 1: La felicidad es un destino. En el Mapa de la Buena Vida, la felicidad parece un lugar al que llegas tras alcanzar un puñado de objetivos. Eso significa que, cuando llegues al destino en el que se encuentra tu felicidad, deberías ser feliz para siempre. Al fin y al cabo, ¡has llegado al final del camino! Sin embargo, la felicidad es un SENTIMIENTO, y los sentimientos no funcionan así. ¿Alguno te ha durado para siempre? ¡Exacto! Los sentimientos van y vienen, así que jamás debes «sentirte mal» por no «sentirte bien» cada segundo de cada día. Repito, la felicidad no es un lugar adonde simplemente llegas y eres feliz para siempre.

Realidad: La felicidad es un sentimiento maravilloso que va y viene a lo largo de nuestra vida.

MITO 2: Encuentras la felicidad a base de alcanzar objetivos. Muchas veces, después de lograr una de nuestras metas, pensamos que debemos sentirnos felices, así que resulta confuso, incluso decepcionante, cuando, al hacer nuevas amistades, sacar buenas notas o ganar un trofeo, no nos sentimos felices o solo nos sentimos así unos instantes. Muchos de nosotros hemos pasado toda nuestra vida esperando alcanzar la felicidad tras lograr un objetivo. A medida que pasa el tiempo, cada vez necesitamos MÁS logros, MÁS metas y MÁS de todo para sentirnos felices hasta que, al final, nuestros logros no nos hacen sentir nada de nada.

Realidad: Podemos encontrar la felicidad mientras trabajamos para lograr nuestros objetivos, y no solo cuando los alcanzamos.

MITO 3: La felicidad es el único sentimiento que merece la pena. Cuando te concentras solo en ser feliz, empiezas a pensar que los demás sentimientos no valen tanto. Quizá incluso oyes de boca de los adultos que te quieren que solo desean que seas feliz. Es posible que cuando has experimentado sentimientos importantes, como la ira, los demás hayan intentado tranquilizarte, y todo esto podría haberte hecho creer que la tristeza, la culpa o la ira no sirven de nada, o incluso que sentirlas es malo. ¿Recuerdas que en el capítulo 4 te contamos que la preocupación tenía un propósito? Pues seguramente puedas adivinar cuál es la realidad que se esconde tras este mito.

Realidad: Todos los sentimientos son válidos y experimentarlos está bien.[33]

Sentimiento:	Mensaje de tu sentimiento:	Acción que llevar a cabo:

¡Encuentra tu ikigai!

Si has estado siguiendo el Mapa de la Buena Vida original que te hemos enseñado antes, ahora debes de sentir algo parecido a lo que sentían los primeros exploradores al seguir los mapas en los que la Tierra era plana... Cansancio y confusión. En otras palabras, sientes hastío. Hastío por tener una lista interminable de cosas que hacer, por intentar lograr muchos objetivos, incluyendo hacer bien tus trabajos de la escuela, acabar los deberes, atender en clase y hacer amistades. Hastío por intentar preocuparte menos y ser más feliz todo el tiempo, por sentir presión por parte de todo y todos los que te rodean. Te vamos a ayudar.

Cuando los seres humanos se dieron cuenta de que la Tierra era redonda, volvieron a dibujar sus mapas, y ahora ha llegado el momento de **volver a dibujar el tuyo**. Antes de crear un mapa nuevo y mejorado, aquí tienes algunos consejos:

Consejo 1: Asegúrate de que en tu mapa no haya un destino. Sí, lo sabemos, suena rarísimo, pero la vida no consiste solo en el resultado final. La vida va sobre el viaje, incluyendo las subidas, las bajadas y las vueltas que se dan por el camino. ¡Tu nuevo mapa no tendrá ni principio ni final!

Consejo 2: Nada de líneas rectas. ¿Conoces a alguien que se marque y logre todos sus objetivos en el primer intento? A nadie, ¿a que no? De hecho, no hay ni una persona que lo haya conseguido en toda la historia de la humanidad. Todo el mundo se desvía, se equivoca, se toma descansos, se confunde, se enfrenta a obstáculos, reflexiona y hace todo tipo de cosas por el camino. La vida no es una línea recta; está llena de curvas.

Consejo 3: Inspírate en los okinawenses. Los habitantes de la isla de Okinawa, en Japón, tienen la mayor esperanza de vida del planeta. Allí hay más gente centenaria, es decir, que llega a los cien años o más, que en ninguna otra parte del mundo, y los índices de infartos, cáncer y ataques al corazón son muy bajos. Los okinawenses despertaban tanta curiosidad que la ciencia decidió estudiar qué contribuía a que vivieran vidas tan largas y tan sanas.

Y estas son algunas de las cosas que descubrieron:[34] los okinawenses comen hasta que están llenos al ochenta por ciento, forman un grupo de amigos cuando son bebés y envejecen juntos, y nunca se jubilan. Exacto, ¡ni siquiera tienen una palabra que signifique «jubilación»! Pero sí tienen una palabra estupenda, «ikigai», que podría traducirse como «la razón por la que te levantas por la mañana». El ikigai consiste en descubrir cuál es tu propósito en la vida y utilizarlo como una guía para tus acciones diarias. Es como una fuerza impulsora. El ikigai te ayuda a crear el verdadero camino hacia una buena vida.

Es hora de dibujar tu propio mapa inspirado en el concepto del *ikigai*, que estará donde se crucen lo que amas, tus fortalezas y lo que el mundo necesita.

Rellena tu mapa ikigai.

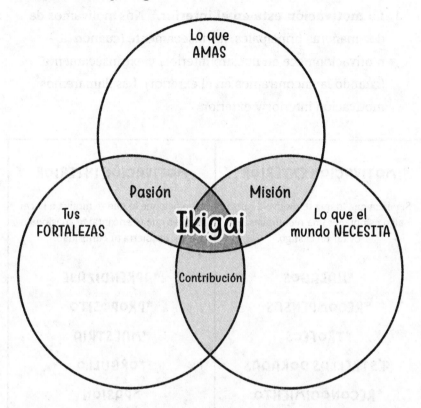

Cuando termines, haz una foto de tu mapa y tenlo siempre a mano para poder echar un vistazo a tu ikigai cada vez que te falte motivación.

No pensarás que nos habíamos olvidado de tu hastío, ¿no? Si por la mañana te levantas sin energía, tienes problemas para dormir, te falta motivación para aprender o hacer los deberes, sientes presión por hacerlo bien en todas las facetas de tu vida, pero, simplemente, ya no tienes ganas de seguir intentándolo, creemos que sientes hastío. Hay muchas personas que sienten lo mismo que tú, así que hemos creado los ejercicios siguientes.

¡Haz estos ejercicios!

1. La motivación está en el interior.[35] Nos motivamos de dos maneras principales: intrínsecamente (cuando la motivación nace en nuestro interior) y extrínsecamente (cuando la encontramos en el exterior). Las llamaremos motivación interior y exterior.

MOTIVACIÓN EXTERIOR	MOTIVACIÓN INTERIOR
Significa que lo que te motiva a hacer algo es obtener una recompensa o evitar un castigo.	Significa que lo que te motiva a hacer algo es que te encanta, te apasiona o despierta tu curiosidad.
*HALAGOS	*APRENDIZAJE
*RECOMPENSAS	*PROPÓSITO
*TROFEOS	*MAESTRÍA
*ESTRELLAS DORADAS	*ORGULLO
*RECONOCIMIENTO	*PASIÓN

¡Veamos si lo has entendido! Rodea el tipo de motivación en cada ejemplo:

a. Limpiar tu habitación porque te gusta tenerla ordenada: **Interior** o **Exterior**

b. Participar en un concurso para ver hasta dónde puedes llegar: **Interior** o **Exterior**

c. Escribir una redacción para sacar buena nota: **Interior** o **Exterior**

d. Tocar la viola para complacer a tus padres: **Interior** o **Exterior**

e. Ir al colegio para que no te castiguen: **Interior** o **Exterior**

f. Jugar al fútbol para ganar trofeos: **Interior** o **Exterior**

g. Jugar a videojuegos porque te divierte: **Interior** o **Exterior**

Respuestas: (a) interior; (b) interior; (c) exterior; (d) exterior; (e) exterior; (f) exterior; (g) interior.

Probablemente, ya habrás adivinado que, a largo plazo, hacer las cosas porque tu motivación es intrínseca (interior) te ayuda a hacer cualquier tarea mejor, a comprometerte más con ella y también a superar los obstáculos. Esto no significa que absolutamente TODO lo que hagas deba motivarte de forma intrínseca, pero puede haber un equilibrio. Dibújate en la página siguiente. Escribe en el interior de tu cuerpo los objetivos y las tareas en las que trabajas para los que tu motivación es intrínseca, y fuera de él los objetivos y tareas para los que tu motivación es extrínseca.

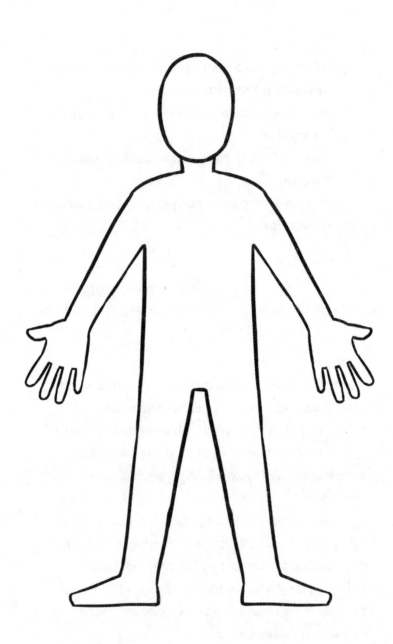

2. Busca tu forma de fluir. ¿Alguna vez te has concentrado tanto en una actividad —ya sea pintar, correr o incluso jugar a un videojuego— que el tiempo se te pasa volando? Podrías haber alcanzado un estado que en psicología se llama «flow»

o flujo.[36] Es lo que los atletas llaman «estar en la zona», una sensación parecida a la que tienen los artistas cuando les visitan las musas. Fluir es cuando dejas de pensar y, simplemente, haces.

El flow sucede cuando un desafío está al mismo nivel que tus habilidades y trabajas en algún punto a medio camino entre el aburrimiento y la ansiedad. Esa actividad no puede resultarte demasiado difícil, porque te provocaría ansiedad, ni tampoco demasiado fácil, porque te aburriría.

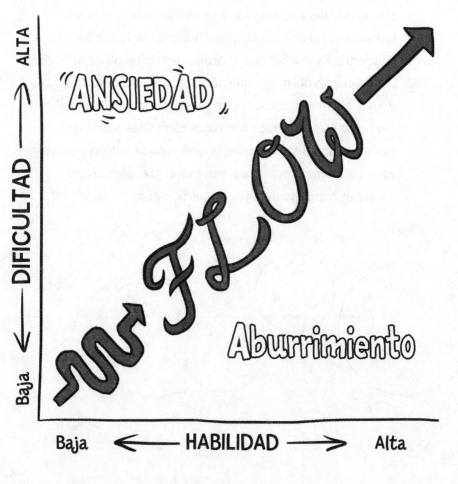

Si sientes hastío, encontrar tu flow podría ayudarte. ¡Descubre cuáles son las actividades que te hacen fluir!

- ¿Qué actividad, afición, interés o pasión hace que el tiempo vuele cuando te dedicas a ella?
- ¿Qué actividad te resulta demasiado fácil y te aburre?
- ¿Qué actividad te resulta demasiado difícil y te frustra?
- ¿Qué actividad tiene el nivel perfecto de dificultad para ti?

3. **¡Haz una burbuja del sueño!** La mayoría de los chicos y chicas que hemos conocido que sentían hastío estaban bastante cansados. En otras palabras, no dormían lo suficiente. Es posible que te despiertes en mitad de la noche, que te cueste dormirte, que por la mañana te despiertes demasiado temprano o que te pase todo lo que hemos dicho. No nos entretendremos con datos científicos sobre el sueño porque probablemente puedas deducir que todo se reduce a esto: necesitas dormir para tener **energía**, para crecer, aprender e incluso para preocuparte menos.

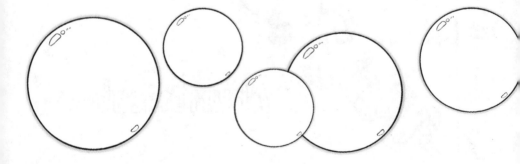

Seguro que ya sabías que dormir es esencial, pero ¿cómo puedes conseguirlo? Una hora antes de irte a la cama, debes hacer todo aquello que te ayude a lograr un sueño reparador. Esto crea un escudo protector a tu alrededor que te ofrece la mejor oportunidad para dormir del tirón. A este escudo lo hemos llamado «burbuja del sueño». Dibuja la tuya en la página siguiente:

a. Dibuja tu habitación y el lugar donde duermes en esta burbuja en blanco.

b. Escribe todo lo que te ayuda a dormir bien también en el interior de la burbuja.

c. Fuera, escribe todas las cosas que te impiden dormir bien.

d. Activa tu burbuja del sueño cada noche, una hora antes de irte a dormir.

IDEAS CLAVE

- Aunque la felicidad es estupenda, es un sentimiento temporal, así que marcártela como objetivo podría provocarte insatisfacción y hastío.
- Descubre cuál es tu ikigai, es decir, la razón por la que te levantas cada mañana. ¡Así jamás perderás tu motivación interior!

CAPÍTULO 9
EL HIELO

Queridos papá y mamá:

Os escribo esta carta porque a veces hablar me provoca ansiedad. Resulta que no quiero ir más al colegio. No es solo porque Micah se haya ido a vivir a otra ciudad y ya no me queden muchos amigos. Es porque cada día, cuando estoy allí, me encuentro mal. Como ayer, cuando jugamos al baloncesto en clase de Gimnasia y los dos capitanes tuvieron que elegir los equipos. Yo pensaba todo el rato: «¿Y si me eligen el último?». Y estaba allí plantado, intentando fingir que todo iba bien, pero en realidad estaba sudando y ardía por dentro. Luego, en clase de ciencias, el señor Hendricks nos hizo cambiar de compañero de laboratorio. ¡Ahora me toca ir con alguien que casi no conozco! Y hablar con gente nueva... me cuesta mucho. Y la semana que viene tenemos que dar un discurso en clase de Lengua... ¡Un discurso de verdad!

Hoy estaba en la cafetería pensando en todas estas cosas y sentía que no podía respirar, estaba mareado y me dolía la cabeza. Estaba tan asustado que he ido a la enfermería. Estoy seguro de que cuando he salido los demás estaban hablando de mí. He tenido un ataque de pánico... otra vez. Y entonces habéis venido a buscarme. Me habéis preguntado qué ha pasado, así que os lo cuento ahora. Por favor, por favor, no me hagáis volver al colegio. No quiero que me vuelva a pasar. No pienso volver. ¿Por qué me pasa esto? Odio sentirme así. No os enfadéis conmigo.

CRUZ

Cuando nuestro superpoder de la **resiliencia** se agota y nos quedamos atrapados en el hielo, sentimos que la única forma de dejar de preocuparnos es dejarlo todo. No hacer nada. ¿Tiene sentido, verdad? Sin embargo, lo más duro de todo es que la mayoría de los chicos y chicas que conocemos que están «helados» no solo han perdido su **resiliencia**, sino también todos o la mayoría de sus superpoderes. Se sienten impotentes, totalmente paralizados y bloqueados. No quieren ir al colegio, no quieren hacer los deberes, no les apetece estar con sus amigos... En resumen, no les apetece vivir.

Vivir a menudo consiste en correr riesgos. Pero, cuando estás en el hielo, los riesgos parecen una invitación al Círculo de la Preocupación. No quieres hacer nada que pueda provocarte ansiedad. Algunos jóvenes que conocemos tienen tanta ansiedad que incluso evitan salir de casa.

¿Qué pasa cuando estás en el hielo?

- Quieres evitar cualquier cosa que te preocupe.
- Evitar esas cosas solo alivia tu preocupación temporalmente.
- Dejas de arriesgarte.
- La mayoría de tus superpoderes también se han agotado.

Y aún hay más. Como te hemos explicado, el hielo hace que evites a la gente, los sitios y las cosas que te causan preocupación. Sin embargo, evitarlos no te ayuda a sentirte mejor a largo plazo. De hecho, algunos estudios han demostrado que EVITAR solo EMPEORA la ansiedad. Al final, todo lo que evitas se acumula y acaba provocándote más ansiedad, pánico, ira y, algunas veces, desesperanza.

Lo entendemos. A los seres humanos no se nos da bien sentirnos incómodos en nuestro propio cuerpo: nos asustamos mucho y somos capaces de hacer cualquier cosa para poner fin a esas sensaciones tan desagradables. Hay varias cosas más que solemos hacer y que empeoran esa sensación de pánico. Si has hecho alguna de ellas cuando te sientes así, debes saber que no te pasa solo a ti, pero es hora de probar algo que sí funcione: vamos a darte las herramientas que no solo te descongelarán y te ayudarán a sobrevivir a esta experiencia, sino que te empujarán a empezar a vivir tu vida de una forma realmente SUPERPODEROSA.

Acabar con el pánico

Advertencia: Es posible que lo que vas a leer
a continuación te asuste un poco,
pero prometemos demostrarte
que no da tanto miedo como parece.

Al principio de este capítulo, Cruz dijo que le angustiaba mucho pensar que lo elegirían el último para formar los equipos de baloncesto en clase de Gimnasia. Dijo que a veces siente que arde por dentro, que le cuesta respirar y que le duele la cabeza. Cruz sufría ataques de pánico o de ansiedad.

EL PÁNICO

1

Frases con «SIENTO QUE...»

Sientes que a tu cuerpo le está pasando algo que va más allá del pánico o la ansiedad. Suena así: «Siento que me está pasando algo muy grave».

2

DISTRACCIÓN

Intentas distraerte del malestar. Suena así: «Me pasa algo. Solo necesito ver la tele, comer y hacer como que no ocurre nada».

3

RELACIONES EQUIVOCADAS

Evitas a gente, lugares o cosas que crees que están relacionadas con el pánico. Suena así: «Tuve ese ataque de pánico porque fui al supermercado. No volveré a ir nunca».

Estas son otras de las sensaciones que han experimentado otros niños y niñas al sufrir este tipo de ataques:

«Veía cómo se me movía el corazón
arriba y abajo por debajo de la ropa.
No podía respirar...
Solo quería que todo ACABARA.
Empecé a gritar».

«Supe que me estaba pasando algo
muy muy muy muy malo.»

«Estaba muy sudado y tenía mucho calor.
Sentía la necesidad de saltar inmediatamente a una piscina,
pero estaba en clase de Matemáticas.»

«Solo quería irme con mi madre.
Sabía que me llevaría al médico, pero me daba igual.
Me dolía muchísimo.»

«Sentía que se me iba a derretir la piel.
Estaba mareada y muy confundida.»

¿Qué son los ataques de pánico?[37] Esta es la definición de la Asociación Norteamericana de Ansiedad y Depresión: «Un ataque de pánico es la aparición abrupta de un miedo o malestar intensos que alcanza su punto más alto en pocos minutos y que incluye al menos cuatro de los síntomas siguientes»:

Aceleración de los latidos del corazón

Sudores

Temblores

Dolor o molestias en el pecho

Sensación de falta de aire

Sensación de asfixia

Náuseas

Mareo o aturdimiento

Escalofríos o golpes de calor

Entumecimiento u hormigueo

Sensación de irrealidad

Miedo a perder el control

Miedo a morir

La gran diferencia entre un ataque de pánico y otras formas de ansiedad es la INTENSIDAD de las sensaciones y la cantidad de TIEMPO que dura. Los ataques de pánico son muy intensos y llegan a su máxima gravedad más o menos en los primeros diez minutos.

Si alguna vez has sufrido uno, ya sabrás que es una sensación horrible. La mayoría de las personas que los han padecido harían cualquier cosa para no volver a sentirse así nunca más. Es posible que te encierres en el hielo de inmediato y que empieces a evitar a la gente o los lugares que estaban cerca de ti cuando lo tuviste, con la esperanza de que no te vuelva a pasar. Sí, es normal que intentes evitarlos, pero, simplemente, no funciona.[38] Hay una forma mejor.

El gran descubrimiento[39]

Antes de que te contemos cómo funciona una de las técnicas más poderosas para acabar con el pánico, tenemos que hablarte de un gran descubrimiento... y de un gran malentendido. Nos vamos a poner algo científicas, así que ten un poco de paciencia. Hace muchos años, un grupo de científicos estudió cómo se comportaban los primates cuando estaban cerca de un peligro, por ejemplo, una serpiente que se deslizaba hacia ellos. Algunos de estos simios no escapaban ni intentaban luchar contra ella, ni siquiera se quedaban paralizados: simplemente, no parecían tener miedo. Resulta que habían sufrido algún daño en una pequeña parte de sus cerebros que tiene forma de almendra y que se llama «amígdala». La gente se emocionó mucho con este descubrimiento y también con estudios posteriores que demostraron que las amígdalas sanas de las ratas y los seres humanos sí se activaban cuando había algún peligro cerca. Así pues, después de sumar dos más dos, algunos científicos llegaron a la conclusión de que la amígdala era una especie de centro del miedo del cerebro.

SUPOSICIÓN

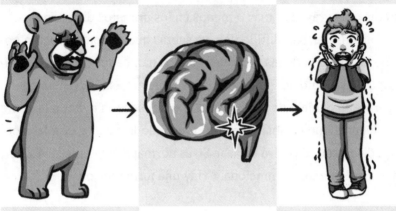

1. ¡Peligro cerca!

2. ¡Se activa el centro del miedo!

3. ¡Te asustas!

Hay un peligro cerca. Por ejemplo, un oso está a punto de atacarte.

AUTOMÁTICO: El centro del miedo se enciende y activa la respuesta de lucha, huida o parálisis.

AUTOMÁTICO: Tienes miedo.

Hay algo en lo que sí acertaron: la amígdala se activa automáticamente cuando percibe una amenaza y puede activar la respuesta de lucha, huida o parálisis para protegerte (¿recuerdas que te hablamos de la LHP en el capítulo 4?). Todo esto sucede de forma automática, es decir, ni siquiera tienes que pensarlo; simplemente, reaccionas así. Tampoco le dices a tu corazón que se acelere o a las palmas de tus manos que suden cuando tienes miedo, ¿verdad? Simplemente, sucede. Entonces, ¿cuál es ese gran malentendido? Bien, solo porque tu cerebro detecte el peligro de forma automática y active esta respuesta también de forma automática, no significa que tú te asustes de forma automática. Tener miedo NO es una reacción automática, es más parecido a un proceso consciente, algo sobre lo que puedes reflexionar. Lo entenderás mejor si te imaginas que estás viendo una película de miedo.

¡EL PASO QUE FALTABA!

1. ¡Peligro cerca!

2. ¡Se activa el centro del miedo la amígdala!

3. Elige tu mentalidad. ¿ ¿ ?

4. Elige tu sensación.

ELECCIÓN: Reflexionas sobre lo que le está sucediendo a tu cuerpo y juzgas si estás realmente o no en peligro.

Hay un peligro cerca. Por ejemplo, un oso está a punto de atacarte.

AUTOMÁTICO: La amígdala se enciende y activa la respuesta de lucha, huida o parálisis.

ELECCIÓN: Eliges tener miedo si estás realmente en peligro.

La técnica del cine

Imagina lo siguiente: estás en el cine, en la seguridad y la comodidad de tu asiento. Tienes palomitas, un refresco... De repente, ¡en la película sucede algo aterrador! Se oye un grito, música espeluznante, un golpe sordo y el restallido de un rayo. ¡Das un respingo! ¡Se te caen las palomitas! Quizá, ¡incluso saltas en el asiento! Sientes que se te acelera el corazón, que te quedas sin aire y experimentas otras reacciones físicas relacionadas con el miedo. Eso significa que tu amígdala se ha encendido y está intentando protegerte del peligro.

Pero... estás en el cine. En realidad, ¡no hay ningún peligro!

Tu mente reflexiona sobre lo que le está sucediendo a tu cuerpo y llega a la conclusión de que es una falsa alarma. Sigues en el cine. Sigues en una cómoda butaca y estás a salvo. Has decidido que no necesitas tener miedo.

LA TÉCNICA DEL CINE

1. ¡Peligro cerca!	2. ¡Se activa la amígdala!	3. Elige tu mentalidad.	4. Elige tu sensación.

Hay un peligro cerca.	AUTOMÁTICO: La amígdala se enciende y activa la respuesta de lucha, huida o parálisis.	ELECCIÓN: Reflexionas sobre lo que le está sucediendo a tu cuerpo y decides si estás o no en peligro.	ELECCIÓN: Decides no tener miedo.

Repitámoslo: tú **decides** que no necesitas tener miedo.

Esa es la decisión que queremos que tomes cada vez que el pánico aparezca cuando no haya un peligro real. Si estás en el colegio y empiezas a sentirte así, recuerda la técnica del cine. Que tu amígdala se ponga en alerta no significa necesariamente que debas asustarte o aterrorizarte. Es posible que sientas malestar, pero estás a salvo. No hay peligro. Una vez que hayas tomado esta decisión, acabarás con el pánico.

Con esto no queremos decirte que superar el pánico o la ansiedad extrema sea fácil, pero sí te diremos que es posible y que sabemos que eres capaz de hacerlo. Y, como nosotras también lo hemos logrado, conocemos muy bien cuál es el principal desafío: las sensaciones de pánico pueden ser muy **desagradables** físicamente. Lo entendemos. Pero no son más que eso: sensaciones desagradables.

¿SABÍAS QUE...?

Si cambias tu mentalidad –lo que crees sobre algo–, puedes cambiar tu forma de actuar y tus habilidades.[40]

Jeremy Jamieson, un profesor de Psicología genial, puso a prueba esta teoría con unos estudiantes universitarios que se estaban preparando para hacer un examen muy importante para entrar a la escuela de posgrado. Ni que decir tiene que todo el mundo estaba superestresado.

El profesor Jamieson decidió hacerles un examen de prueba. Dividió a los estudiantes en dos grupos. Al primero, le dio solo el examen: no hubo palabras de aliento ni consejos. Sin embargo, al segundo grupo le dio una pequeña charla motivacional antes del examen, que fue más o menos así: «La gente cree que si se estresa o siente ansiedad antes de una prueba, les irá mal. Sin embargo, un estudio reciente ha demostrado que el estrés no afecta negativamente al desempeño en los exámenes; de hecho, ¡puede incluso ayudar! ¡Las personas que sientan ansiedad ante la perspectiva de hacer este examen podrían incluso hacerlo mejor! No lo olvidéis, si tenéis ansiedad, recordaos que esta os puede ayudar a obtener un buen resultado».

¿Sabes qué pasó? El grupo de estudiantes que recibió esta charla lo hizo muchísimo mejor que el otro. Como las personas del segundo grupo cambiaron su mentalidad, lograron utilizar el estrés en su beneficio.

La forma en la que piensas sobre algo –la mentalidad– ¡afecta a la respuesta de tu cuerpo y tu cerebro!

Queremos que empieces a usar la técnica del cine en situaciones de pánico, que básicamente consiste en cambiar tu mentalidad. Cambia tu manera de pensar para recordarte que no estás en peligro: solo sientes malestar, y esa sensación se te pasará.

¡Haz estos ejercicios!

1. **¡Elige tu mentalidad!** Aunque tu cuerpo esté aterrorizado, tu mente puede decidir que la situación es una falsa alarma y que no tienes por qué asustarte. Una de las mejores maneras de hacer esto es con la mentalidad correcta. Aquí tienes una afirmación importante: «Mi cuerpo está aterrorizado y es desagradable, pero estoy a salvo y se me pasará». ¿Qué pueden decirse cada uno de estos chicos y chicas para superar su miedo? Escribe una afirmación que les ayude:

Kai está pensando en las pruebas para entrar en el equipo de fútbol y empieza a tener un ataque de pánico.

Mike va a una fiesta donde no conoce a mucha gente. Empieza a tener un ataque de pánico.

A Hoda le preocupa que su comida le provoque una reacción alérgica. Empieza a tener un ataque de pánico.

Alana se está haciendo un sándwich en casa. No tiene ni idea de por qué, pero empieza a tener un ataque de pánico.

2. **¡Surfea la ola!** Las sensaciones de pánico impactan sobre ti y luego pasan de largo, igual que las olas del mar. Cuando te des cuenta de que se trata de una falsa alarma, sabrás que, aunque tengas sensaciones desagradables, estás a salvo. Puedes practicar cómo surfear esa ola si te visualizas encima de una tabla de surf y te repites un mantra o un dicho que te ayude a cambiar tu mentalidad. Echa un vistazo a las páginas siguientes, donde encontrarás algunos ejemplos, y luego ve a la siguiente para escribir los tuyos. ¡No te olvides de dibujarte en la tabla de surf, surfeando la ola!

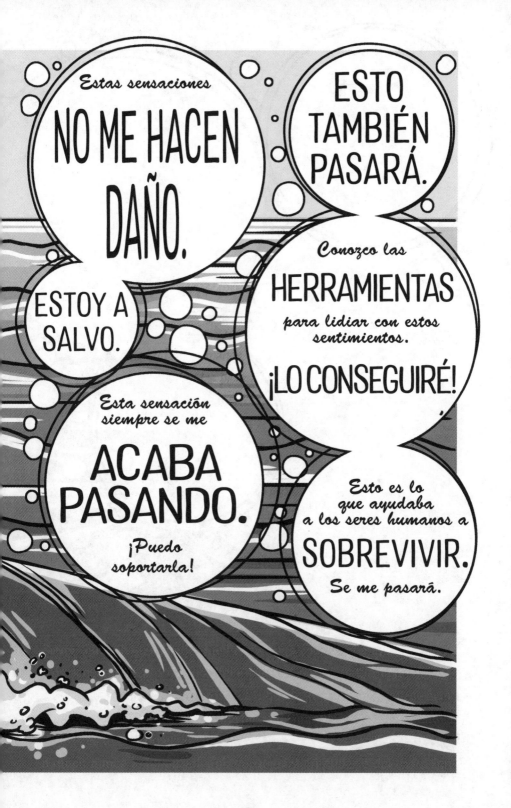

183

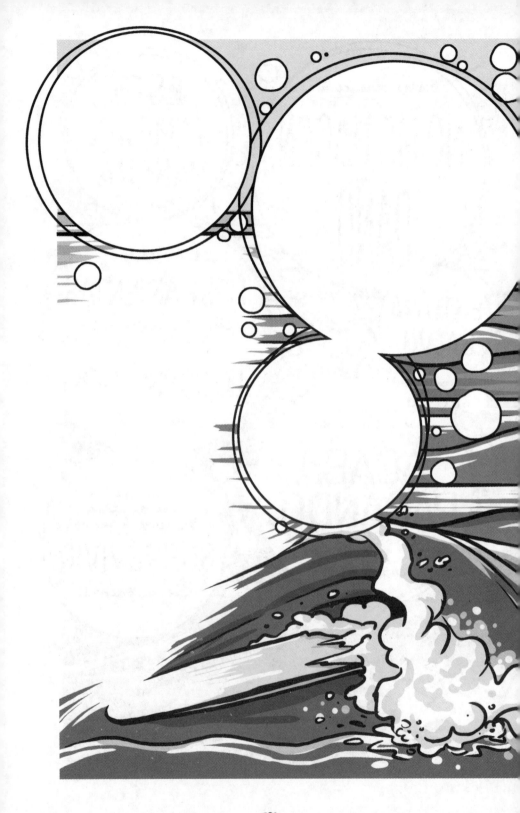

3. **¡Busca el lado divertido!** A veces, lo que nos pasa durante un ataque de pánico puede dar mucho miedo, ya que sentimos que nuestro cuerpo no es capaz de soportar lo que le está ocurriendo. En estos casos, ayuda recordar que a veces experimentamos exactamente las mismas sensaciones cuando nos estamos divirtiendo. Anota aquí debajo actividades o situaciones que crees que provocan la misma experiencia corporal que el pánico, pero que no dan miedo.

Sensación	¡Diversión!	Sensación	¡Diversión!
Mareo	Ejemplo: Me mareo cuando bailo dando vueltas y vueltas.	Se acelera el corazón	Ejemplo: Se me acelera el corazón cuando veo una película de miedo.
Sudor		Náuseas	
Sudor frío		Golpe de calor	
Hormigueo		Desrealización	
Temblores		Falta de aire	

4. ¡Las sensaciones tienen un propósito! Cada una de las sensaciones que notas en un ataque de pánico podrían estar relacionadas con la respuesta de lucha, huida o parálisis (o LHP) que aprendiste en el capítulo 4. ¿Qué sensaciones relacionas con las que te ayudan a sobrevivir?

Megamúsculos

Alimentados con un extra de oxígeno y de energía, tus músculos más importantes se tensan, preparándose para luchar, huir o paralizarse. Los músculos de los brazos y las piernas se fortalecen para que puedas correr más rápido o luchar con más fuerza.

Pulso poderoso

El corazón se te acelera hasta ser capaz de bombear sangre rápidamente a todos los órganos esenciales para luchar, huir o paralizarte.

Frío fantástico

Se te ponen los pelos de punta y sudas para mantener la temperatura y la calma.

Energía extrema

Tu hígado bombea cantidades increíbles de azúcar para darle más energía a tu cuerpo.

Mente magnífica

Tu cerebro se concentra solo en la información crucial, como si fueses un robot. Te diriges solo a la fuente del peligro, lo que te ayuda a reaccionar y tomar decisiones a una velocidad vertiginosa.

Perspectiva portentosa

Tu mirada se concentra en la potencial amenaza cuando tus ojos apagan todos los receptores, excepto los que tienes justo delante. Se te dilatan las pupilas para que entre más luz. Ves con más agudeza y claridad que nunca.

Respiración rápida

Los pulmones se te llenan con más oxígeno que habitualmente para darte una energía increíble y para fortalecer tus músculos.

Sentidos supersónicos

Tus sentidos del oído, el tacto, la vista y el olfato se ponen en alerta ante el peligro. Puedes reaccionar en menos de un milisegundo a cualquier signo de amenaza.

IDEAS CLAVE

- Cuando nos encerramos en el hielo, intentamos evitar todo lo que nos preocupa o nos provoca ansiedad. Esto empeora nuestra preocupación.
- Tener una respuesta física de miedo o de pánico, no quiere decir que estemos sintiendo esa emoción. El miedo es una elección.
- Cuando tengas un ataque de pánico, recuerda que, aunque sea desagradable, no tienes por qué estar en peligro.

TERCERA PARTE

TIENES SUPERPODERES

¡Has llegado a la tercera parte del libro! ¡Estamos superorgullosas de ti! Ahora ya sabes cómo perdiste tus superpoderes y puede que hayas empezado a controlar tus preocupaciones y tu ansiedad. Si todavía te cuesta, ten paciencia contigo. Es un proceso que lleva tiempo, pero estamos aquí para acompañarte.

Sin embargo, creemos que ha llegado el momento. Ahora eres capaz de enfrentarte a ello. ¡Vamos a recuperar nuestros SUPERPODERES!

Todo superhéroe o superheroína tiene una serie de poderes. Si ves películas de superhéroes o lees cómics, sabrás que todos los héroes y heroínas consiguen sus superpoderes en algún sitio. Siempre hay algo que desencadena y alimenta ese poder. Para algunos, ese algo puede ser el mordisco de una araña radiactiva. Para otros, un experimento que salió mal en el laboratorio. Uno de los más famosos recibe sus poderes del sol. Pues bien, tus superpoderes también necesitan algo que los alimente. En esta última parte, te contaremos cómo recuperarlos y, además, descubriremos cuál es el ingrediente secreto que alimenta cada una de tus habilidades.

¿Preparado? ¿Preparada? ¡A por nuestros SUPERPODERES!

CAPÍTULO 10
LA PRESENCIA

El diario de Quinn
22 de julio, 11.11 horas

Hoy me ha pasado una cosa superrara. Ya había oído a la gente usar la expresión «experiencia extracorporal», pero no sabía qué quería decir; sin embargo, creo que ahora sí lo sé.

Un momento... voy a tener que retroceder un poco, si no, cuando lea esto, no lo entenderé...

Mamá siempre me dice que soy una buena amiga, o sea, que sé escuchar a los demás, que siempre estoy dispuesta a ayudar y todo eso, y cree que debería intentar hacer eso mismo por mí cuando estoy estresada, lo que me pasa muy a menudo. Pero... ¿ser amiga de mí misma? ¡¿Qué significa eso?! Sí que he entendido la parte de portarme bien con los demás, como cuando Amir se dejó el almuerzo en el coche de su padrastro y estaba muy cabreado consigo mismo. Yo le dije que a todos nos pasan esas cosas y le di la mitad del mío. Y la semana pasada Jess estaba muy estresada con sus exámenes. Era comprensible, la verdad... ¡Iban a ser muy difíciles! Pero no dejé que su preocupación me acabase preocupando a mí. Sí, cuando mis amigos tienen un problema, soy capaz de ayudarles. Pero ¿cómo voy a ser amiga de mí misma? No puedo ni imaginármelo. No tiene sentido.

Hasta hoy. Hoy ha sido diferente. Estaba un poco preocupada y empezaba a notar que se me revolvía el estómago. En lugar de ponerme más nerviosa, he respirado hondo unas cuantas veces y, de repente, era como si estuviera fuera de mi cuerpo. Todo se ha ralentizado, era como... Esto es muy raro... Podía VER mis pensamientos y mis sentimientos. Es rarísimo, ya lo sé. Luego he empezado a hablar conmigo misma. Me he dicho que probablemente esos pensamientos no eran ciertos y que los dejara pasar sin más. Es como si..., como si hubiera sido capaz de ser mi amiga. No se lo pienso decir, pero mamá, a veces..., bueno, muchas veces..., tiene toda la razón.

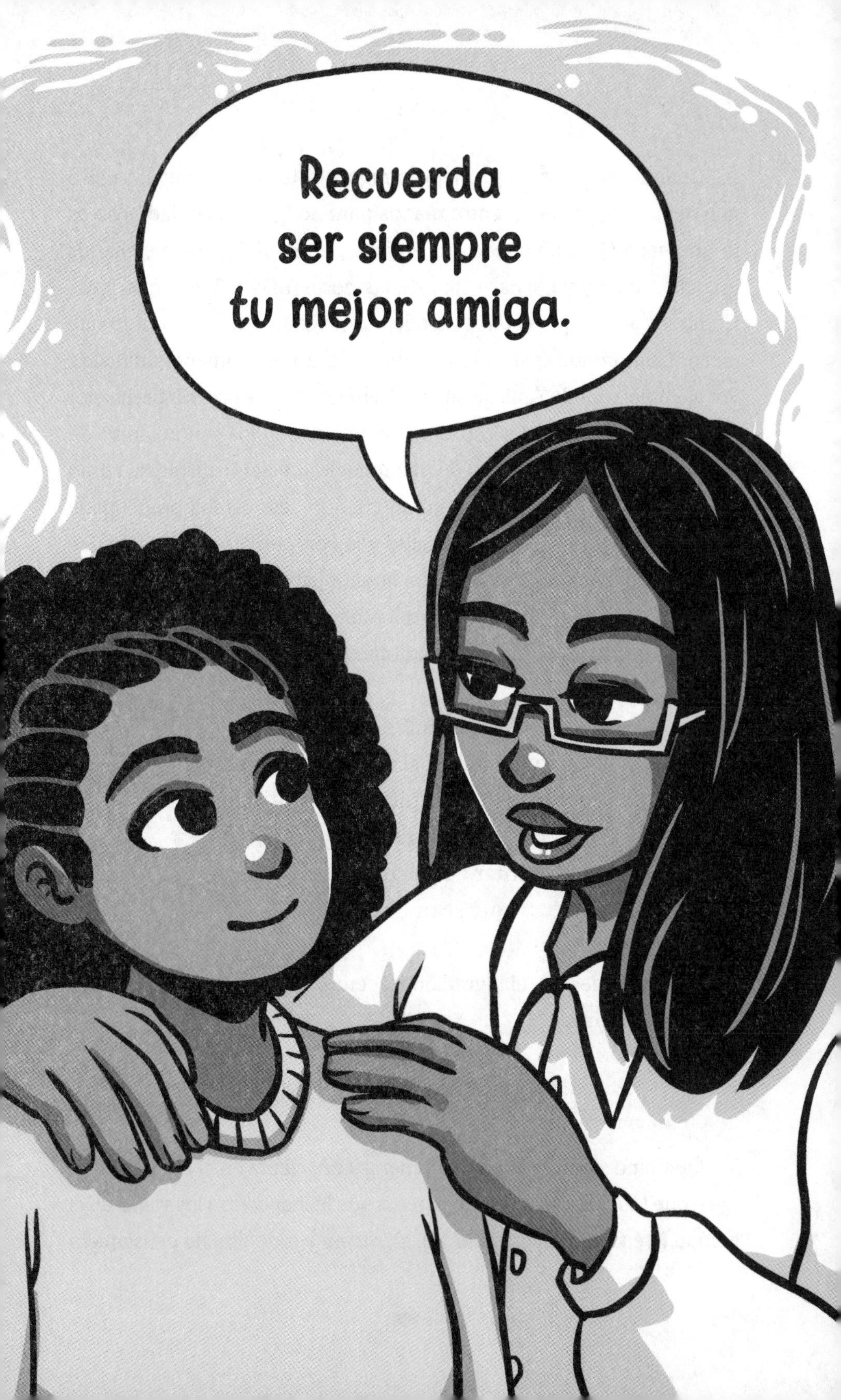
Recuerda ser siempre tu mejor amiga.

Cuando necesitas a tu mejor amigo o a tu mejor amiga, seguro que dejan lo que tienen entre manos para apoyarte, ¿verdad? Eso es lo que hace Quinn: cuando sus amigos tienen un problema, ella los escucha, los apoya y hace una de las cosas más difíciles que hay... Como ve por lo que están pasando, no juzga lo que hacen ni lo que dicen. Comprende que todo el mundo pasa por momentos difíciles. Por ejemplo, cuando Amir se olvidó el almuerzo, no le hizo sentir mal por ello. Además, parece ser capaz de empatizar con los sentimientos de sus amistades, pero también de mantener la suficiente distancia como para que a ella no le afecten, como cuando Jess estaba preocupada por los exámenes: Quinn la escuchó y la comprendió sin contagiarse de su preocupación. Básicamente, intenta percibir lo que sienten sus amigos. Quinn tiene conciencia o mindfulness. Y, cuando era ella quien estaba preocupada, utilizó el mindfulness con ella misma.

«Mindfulness» significa
llevar tu atención al momento presente
y aceptar tus pensamientos y sentimientos
tal como son sin juzgarlos,
sin intentar cambiarlos y sin esperar
que sean diferentes.

El mindfulness es el ingrediente secreto que activa tu superpoder de la **presencia**.

MINDFULNESS → PRESENCIA

Quinn no siempre supo mantenerse consciente en el aquí y ahora. Igual que muchas otras personas, tenía que luchar contra los viajes en el tiempo (¿recuerdas el capítulo 5?), el ysismo y todo tipo de pensamientos de preocupación. Tras hacer algunos ejercicios para acabar con el hábito de viajar en el tiempo (como los que hemos compartido contigo), poco a poco dejó de ser una persona que se preocupaba para transformarse en una «percibidora». ¡Y tú puedes hacer lo mismo!

Aprender a percibir

Si ya no pasas demasiado tiempo preocupándote por el pasado y el futuro, ahora dispondrás de más tiempo para concentrarte en el presente y tendrás más oportunidades para percibir lo que sucede aquí y ahora. Comienza con un ejercicio sencillo: cierra los ojos, respira hondo y, sin mirar, piensa en todo lo que puedes percibir. Un momento, ¿todavía estás leyendo? Adelante: cierra los ojos e inténtalo. Seguiremos aquí cuando vuelvas.

Bueno, ¿qué has percibido? ¿El tacto de la silla bajo tu cuerpo? ¿El olor de la cena que están preparando en la cocina? ¿Los sonidos de los coches que pasan por la calle? ¿Has percibido algo que te estuviera sucediendo a ti? ¿Tienes frío? ¿Calor? ¿Hambre? ¿Cansancio?

Vayamos un paso más allá. La próxima vez que estés en la cola de la cafetería del colegio o esperando para pedir en un restaurante, cierra los ojos y respira hondo. Cuando vuelvas a abrirlos, observa el momento sin juzgarlo ni emocionarte. ¿Qué conversaciones oyes a tu alrededor? ¿Qué sensación te despierta el tacto de la bandeja o del plato? ¿A qué huele la comida?

Estos ejercicios sirven para enseñarte lo que significa percibir. ¿Recuerdas lo bien que se le daba a Quinn percibir lo que le sucedía a las personas de su alrededor? Eso era, en parte, lo que la hacía tan buena amiga. Le permitía observarlas e interactuar con ellas sin juzgarlas. Después llevó el mindfulness todavía más allá, cuando fue capaz de salir de su propio cuerpo y percibir qué pasaba con sus propios pensamientos y emociones. Entonces fue capaz de consolarse a sí misma, reconocer sus propias dificultades y ofrecerse consejos útiles. Y tú podrás hacer lo mismo.

Ejercicio: Escribe varios pensamientos que te planteen un desafío en un papel, como, por ejemplo: «Todo se me da fatal» o «Seguro que esta noche no consigo dormirme». Ahora coge ese papel y acércatelo a la cara durante al menos un minuto. Tres, dos, uno... ¡Adelante!

¿Cómo te has sentido? Era bastante difícil concentrarse en algo que no fueran ese papel y esos pensamientos, ¿verdad?

Pues así es como la mayoría de nosotros vemos nuestros propios pensamientos y emociones. Lo que intentamos enseñarte es algo que la ciencia llama «fusión cognitiva».[41] Estas palabras tan científicas solo significan que tus pensamientos están atados, pegados, adheridos o, en general, fusionados contigo. Y, cuando lo que piensas se fusiona contigo, tiene mucha influencia en tus emociones y tu comportamiento.

Como te decíamos, practicando el mindfulness, Quinn consiguió pasar de estar fusionada con sus pensamientos a convertirse en una percibidora. Cuando te conviertes en un percibidor o en una percibidora, ves tu propia experiencia igual que verías la de un amigo, o cualquier otra cosa que haya a tu alrededor. No intentas cambiar tus pensamientos: simplemente, los observas o los percibes. Percibir te ayuda a crear distancia entre tú y tus pensamientos, y así te resulta más fácil darte consejos. En otras palabras, te conviertes en tu mejor amigo o en tu mejor amiga.

¿Todavía tienes el papel del ejercicio anterior? Levántalo sin acercarlo a tu cara y míralo: así es como queremos que te enfrentes a tus pensamientos. Siguen ahí, pero están separados de ti. Hay espacio entre tú y tus pensamientos. De esta forma, no desaparecen, pero tampoco son lo único a lo que prestas atención.

Ejercicio: Puedes empezar ya a convertirte en un percibidor o una percibidora si cambias algunas de tus frases. Por ejemplo, puedes pasar de «¡Seguro que lo hago fatal en las pruebas de la semana que viene para entrar en el equipo!» a «Veo que estoy pensando que seguro que lo hago fatal en las pruebas de la semana que viene para entrar en el equipo». Inténtalo con un pensamiento o una sensación que tengas ahora mismo. Coloca las palabras «Veo que estoy pensando...» o «Noto que estoy sintiendo...» y luego inserta tu pensamiento o sensación.

Algo más sobre los pensamientos

¿Alguna vez te has preguntado de dónde salen nuestros pensamientos? Considéralos como datos o pedacitos de información que hemos ido recogiendo a lo largo de nuestra vida.

PENSAMIENTOS = QUIÉNES SOMOS
PENSAMIENTOS = DATOS QUE HEMOS RECOGIDO

Y ¿de dónde salen estos datos? Algunos de ellos los obtenemos de nuestros padres, de los programas de televisión que vemos, de las amistades con las que vamos y de las redes sociales que utilizamos. Cuando te conviertas en un percibidor o una percibidora de tus propios pensamientos, te darás cuenta de que muchos de esos datos vienen de los demás. Y aquí está lo mejor de todo: una vez que comprendes que muchos de ellos no nacen en tu interior, sucede algo maravilloso: ¡te das cuenta de que puedes ELEGIR!

MOMENTO ¡EUREKA!: «No tengo por qué creer todos mis pensamientos. Puedo **elegir** en cuáles creo y cuáles me importan. Los pensamientos no son órdenes que debo obedecer, no siempre son ciertos y no siempre tengo que prestarles atención».

Muchas personas nos dicen que no pueden evitar tener pensamientos de preocupación. ¡No pasa nada! No tienes por qué cambiar tus pensamientos, solo necesitas cambiar tu relación con ellos. Puedes entablar amistad con algunos de esos pensamientos y dejar que los demás pasen de largo.

¿Cómo sabes si debes entablar amistad con ellos o no? Deja de hacer lo que estás haciendo en este momento y observa tus pensamientos. Elige uno y responde estas tres preguntas sobre él:

1. ¿Me resulta útil ahora mismo?
2. ¿Coincide con mis valores?
3. ¿Creo realmente en este pensamiento?

Si has contestado «no» a alguna de estas preguntas, déjalo ir. Hay dos formas de dejar ir los pensamientos:

a. ¡Llévalos al karaoke! Coge tu pensamiento ysista y cántalo con la melodía de una canción infantil, como «Un elefante se balanceaba».[42]
b. Practica simplemente visualizando cómo tus pensamientos y emociones pasan de largo.

¿Y si suspendo el examen de Lengua de la próxima semana...?

¡Recupera tu presencia!

Llegaste a este mundo con el superpoder de la **presencia**, ¿recuerdas? Eras capaz de quedarte una hora y media mirando cómo un escarabajo cruzaba la acera. Podías estar todo el día cogiendo flores para regalarle un ramo a tu madre. ¡Podías pasar de gritar de dolor a chillar de alegría en una fracción de segundo! Y, si eras capaz de hacer todo eso, era porque te empapabas de tu experiencia en cada momento. Vivías en el presente. Todo lo que has leído en este capítulo ha sido una forma de reactivar el superpoder de la **presencia**. Y, a continuación, aumentarás este poder con estos ejercicios de mindfulness. En realidad, es mucho más sencillo de lo que te imaginas. Siéntate con las piernas cruzadas en un cojín o directamente en el suelo, donde prefieras.

¡Haz estos ejercicios!

1. **Meditación basada en la respiración**
   a. Marca tres minutos de tiempo con el temporizador de tu reloj o de tu teléfono.
   b. Empieza a respirar inhalando por la nariz y exhalando por la boca. No hace falta que respires hondo; simplemente, concéntrate en alargar la exhalación todo lo que puedas (sin que te resulte incómodo).
   c. Intenta concentrarte en tu respiración mientras tu pecho y/o tu barriga suben y bajan.
   d. Ponte una mano en el pecho y otra en la barriga. Observa qué movimientos se producen mientras respiras.

e. Presta atención al aire que entra por la nariz y sale por la boca. Mientras lo haces, verás que tus pensamientos van y vienen. Limítate a ver cómo aparecen y desaparecen y déjalos pasar sin más.

f. Que aparezcan pensamientos es normal, así que no te preocupes si es así. Si te distraes, basta con que vuelvas a concentrar toda tu atención en tu respiración, en el momento presente. Hazlo una y otra vez si es necesario.

2. Meditación con las manos

a. Da cinco palmadas. Luego frótate las palmas rápidamente durante quince segundos.

b. Con las manos delante de ti, todavía palma contra palma, ve creando poco a poco un espacio entre ellas. Sepáralas entre uno y dos centímetros.

c. ¿Percibes alguna sensación en las manos? ¿Un hormigueo, quizá? ¿Y entre ellas?

d. Sepáralas un poco más, despacio, e imagina que hay unos hilos invisibles que las conectan. ¿Notas la conexión entre ellas? ¿Qué sientes?

Después de haber hecho alguna de estas meditaciones del mindfulness, reflexiona sobre las sensaciones que has percibido. Rodea todas las que hayas sentido:

- Cosquilleos u hormigueos en el cuerpo.
- Soñolencia.
- Fatiga.
- Que los pensamientos pasaban por tu mente a cien kilómetros por segundo.
- Una sensación de paz y de calma.
- Inquietud.
- Nerviosismo.
- Ansiedad.
- Frustración por sentir ansiedad.
- Desconexión mental.

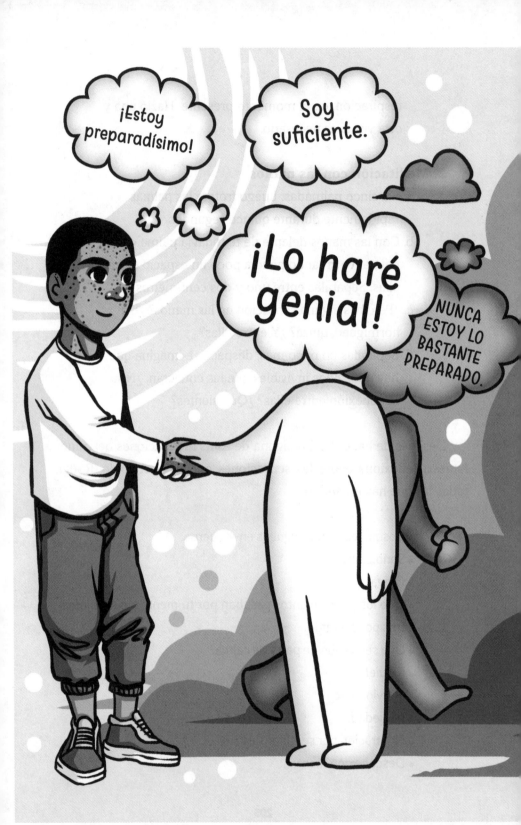

Si te pareces un poco a nosotras, seguramente hayas notado todas la sensaciones y emociones de la lista en algún momento. Si ha sido así, no te preocupes. La meditación consiste en progresar, no en alcanzar la perfección. Trabaja en estos ejercicios unos minutos cada día y reflexiona cómo va cambiando tu experiencia.

IDEAS CLAVE

- El mindfulness nos ayuda a estar **presentes** y a observar todo lo que nos rodea en el momento, incluidos a nosotros mismos, nuestras sensaciones físicas y nuestras emociones.
- Cuando nos observamos, podemos ser nuestros propios amigos.
- Podemos tomar decisiones sobre qué pensamientos escuchar y aceptar y cuáles reconocer y luego permitir que pasen de largo.

CAPÍTULO 11

LA ORIGINALIDAD

¿Quién es ella?

Cuando era pequeña, ella quería ser novelista. Sus padres, que sabían muy bien lo difícil que era pagar las facturas y vivir de la escritura, la presionaron para que estudiara algo más práctico. Ella no les hizo caso. Había una voz en su interior que no podía ignorar, así que decidió estudiar Literatura Clásica.

Siete años después de graduarse en la universidad, estaba divorciada, deprimida, en el paro, criando a su hijo sola y, según sus propias palabras, «Tan pobre como se puede ser... sin ser una sintecho. Los miedos que mis padres sentían por mí, y que yo misma había experimentado, se habían hecho realidad, y, según todos los estándares, me había convertido en el mayor fracaso que conocía».[43] Estaba llena de dudas y sentía una gran tristeza. ¿Debería haber ignorado aquella voz que la impulsaba a escribir? ¿Debería haber hecho caso de lo que le decían las personas de su entorno?

A pesar de todas aquellas terribles dudas y de los consejos de sus seres queridos, a pesar de tenerlo todo en contra y de todos sus fracasos, aquella voz interior no se callaba. Así pues, escribió un libro y lo envió a una docena de editoriales. Todas lo rechazaron, pero aquella voz interior seguía animándola a continuar. Lo intentó otra vez, y otra, y, al final, encontró a alguien que sí quiso publicarlo.

¿Quién es ella? Se llama J. K. Rowling y es la autora de la saga de Harry Potter.

«No necesitamos magia para transformar el mundo. Todo el poder que necesitamos ya está en nuestro interior. Somos capaces de imaginar algo mejor.»

¿Recuerdas que en el capítulo 1 te dijimos que poseías el super-poder de la **originalidad**? Durante los primeros años de tu vida, nunca te paraste a pensar en las opiniones de los demás. Hacías lo que te apetecía, incluso cuando estabas con otros niños y niñas de tu edad: construías un reino con mantas y sábanas, fingías ser un dinosaurio, dabas conciertos en los que cantabas con palabras inventadas... Lo que hacían los demás no influía en tus ideas ni en tus actos. Desde tu forma de vestir hasta lo que decidías comer, pasando por la música que escuchabas: tú siempre eras tú. Y todo esto pasaba porque había una poderosa voz interior que alimentaba tu **originalidad**.

VOZ INTERIOR → ORIGINALIDAD

¿Qué es la voz interior?

Hagamos un breve experimento mental. Imagina que una extraterrestre está en una misión galáctica para conocer a todas las especies que pueda... ¡Debe visitar unos 250.000 millones de planetas! Acaba de aterrizar en la Tierra y solo tiene un minuto para charlar. Tú eres la primera persona que ve, no hay nadie más por aquí. Se te acerca y te pregunta:

—¿Qué eres?

Le contestas que eres un ser humano, pero es evidente que se refería a otra cosa.

—Ah, sí, ser humano, ya sé. Pero ¿QUIÉN eres?

«Buena pregunta —piensas—. ¿Quién soy?»

Miras a tu alrededor. Sigues estando solo tú y la extraterrestre, así que todo lo que le cuentes quedará entre ella y tú. Así pues, le contestas algo parecido a:

—Me llamo Jackson. Me gustan los cromos de béisbol y las cenas familiares, sobre todo los postres. Me gusta estar con mis amigos, pero también pasar tiempo solo. Cuando nadie me oye, canto canciones que me invento y que no tienen sentido. Me preocupa el medio ambiente, así que formo parte del Club Ecologista del colegio. Ah, y como seguramente no se lo vas a decir a nadie..., también me gustan las matemáticas. ¡Y mucho! Aunque no sea muy guay.

¿SABÍAS QUE…?

El corazón es fascinante.[44] Pesa una media de 300 gramos y tiene más o menos el tamaño de un puño, pero aun así hace mucho más que bombear oxígeno y sangre rica en nutrientes por todo el cuerpo. De hecho, algunos estudios demuestran que el corazón es capaz de aprender y procesar información y que tiene memoria a corto y largo plazo. Y no solo eso: se comunica constantemente con el cerebro, y a la inversa, aunque el corazón manda más información al cerebro que al revés. Esto significa que el corazón influye en nuestras decisiones. Influye en lo que sentimos y en cómo pensamos. Cuando se dice que «el corazón tiene cerebro», es porque el corazón humano, en efecto, tiene su propio cerebro, independientemente del que tenemos en la cabeza.

No es extraño, entonces, que, cuando has de tomar una decisión, la gente te pregunte: «¿Qué te dice el corazón?» o te recomiende que «sigas a tu corazón».

Y, entonces, la extraterrestre asiente, toma algunos apuntes, te saluda con una mano en la que solo tiene cuatro dedos y se sube de un salto a su nave espacial.

Puedes hacer este ejercicio en un pedazo de papel. Como sabes que nadie lo verá, escribe quién eres TÚ. Luego, cuando termines, si quieres, dobla ese papel y guárdatelo.

¿Qué puedes aprender de este ejercicio mental? Cuando respondas en privado a la pregunta «¿Quién eres tú?», recibirás pistas de las cosas que te importan. Y lo que te importa te ayuda a escuchar tu voz interior. Pero ¿qué es exactamente una voz interior?

Puedes hablar de pálpito, sensación, corazonada, sabiduría interior o intuición; todos son nombres para tu voz interior. Tu voz interior es la verdad que vive dentro de ti, la voz que te habla cuando necesitas tomar decisiones, sobre todo si son difíciles. Esta voz puede mostrarse en forma de palabras o de imágenes en tu mente. También puede ser una sensación física, que a menudo notarás en el corazón o el estómago.

Tu voz interior te da una opinión inmediata sobre las cosas. Suena así:

¡Qué buena idea!

Esto me da mala espina.

Esto es muy importante para mí.

Tengo curiosidad.

¡Yo jamás haría algo así!

Creo en esto.

Este es uno de mis sueños.

¡Qué emocionante!

Voz interior

medio ambiente animales

desafíos de los demás

ideas

CUIDADOS familia

CUIDADOS metas

Me encantaría aprender sobre la vida marina

CURIOSIDAD

Me pregunto qué habrá en el espacio

Las mates despiertan mi curiosidad

CREENCIAS

VALORES

Pueda mañana sea mejor. No necesito la aprobación de los demás. La gente es buena.

hacer que

amistad

bondad

lealtad

humor

sinceridad

libertad

Tu voz interior es una guía

Tu voz interior es como un GPS particular que guía tus actos. Cuando la sigues, todas las cosas que haces encajan con la voz que oyes dentro de ti y te muestras ante el mundo con el superpoder de la **originalidad**.

Voces interiores en acción[45]

En el año 2007, dos estudiantes de un instituto canadiense llamados David Shepherd y Travis Price vieron que uno de sus compañeros de clase estaba siendo víctima de bullying porque llevaba una camiseta de color rosa. Aunque lo más fácil habría sido quedarse de brazos cruzados, sus respectivas voces interiores les hablaron con mucha claridad: «Esto no está bien. Tienes que ayudarlo». Los dos decidieron hacerles caso.

David y Travis compraron cincuenta camisetas rosas, las repartieron entre tantos estudiantes como pudieron y les dijeron que se las pusieran al día siguiente para ir a clase. No tenían ni idea de si lo harían o no; solo sabían que sus voces interiores les estaban diciendo que debían intentarlo.

A la mañana siguiente, cientos de chicos y chicas aparecieron vestidos de rosa. Fue algo que acabó sabiéndose en todo Canadá y así nació el Día de la Camiseta Rosa, que se celebra en todo el país. La valentía de David y Travis también inspiró a las Naciones Unidas, que creó el Día Contra el Acoso Escolar o Bullying, ¡que está reconocido en países de todo el mundo!

CULTURA
CONVENCIONES
«TODO EL MUNDO LO HACE ASÍ.»
«NO VAYAS CONTRA LA TRADICIÓN.»
«LA GENTE EN LA TELE SE VISTE ASÍ.»
SISTEMAS
Voz interior
NORMAS
CURIOUS
BELIEVE
VALUE
«ES UNA TONTERÍA QUE LO INTENTES. NO FUNCIONARÁ.»
«DEJA DE HACER TANTAS PREGUNTAS.»
«¿TÚ VES A LOS DEMÁS HACIENDO ESO?»
«DEBES ESTUDIAR ESTO AUNQUE EN REALIDAD TE INTERESE OTRA COSA.»

David y Travis son una inspiración, sin duda, pero, lo creas o no, tu voz interior es tan fuerte como la suya. De hecho, todos llegamos al mundo con una voz interior que nos recuerda claramente nuestra **originalidad**, es decir, quiénes somos y en qué creemos. ¿Qué sucede entonces? Pues que el ruido del mundo exterior se acaba filtrando: las opiniones de los demás, lo que vemos en internet, lo que oímos en las canciones y vemos en televisión, lo que creemos que hacen las otras personas, la cultura en la que vivimos, los sistemas en los que entramos (como el colegio) y los cientos y miles de normas y de «deberías» producen tanto ruido que apagan nuestra voz interior y nos hacen olvidar quiénes somos en realidad. Olvidamos nuestra **originalidad**.

Descubrir si nuestra voz interior se ha apagado o no es bastante fácil: lo sabrás si tu voz interior NO SE CORRESPONDE con tus actos.

¡Despierta, voz interior!

Por suerte, tu voz interior sigue estando intacta, igual que tus superpoderes: ¡solo necesitas despertarla y dejar que se haga oír! Intentémoslo con el ejercicio de la página siguiente.

En la columna de la izquierda hay frases que te ayudarán a recordar lo que tu voz interior intenta decirte. Acaba las frases que nosotras hemos empezado y, en la columna de la derecha, apunta algunas acciones que puedes llevar a cabo para apoyar lo que dice esa voz.

LA VOZ INTERIOR dice...	ACCIONES DE APOYO:
Me importa mi familia.	Paso tiempo de calidad con mi familia.
Me importa...	
Creo en...	
Lo que cambiaría del mundo es...	
Tengo curiosidad por...	
Valoro...	
Me emociona...	

Voz interior, ¡DESPIERTA DE UNA VEZ!

No pensarías que despertar a tu voz interior iba a ser así de fácil, ¿no? Queremos asegurarnos de que el camino de vuelta a la sabiduría que reside en tu interior esté despejado. Para ello, tendrás que dar estos tres pasos:

Paso 1: Sé valiente y actúa con honestidad

Para ser **original** hace falta honestidad, y la honestidad requiere agallas. Incluso si no consigues ser honesto u honesta con los demás, debes serlo contigo. Sabemos que a veces enfrentarnos a otros con la verdad da miedo, pero, si evitamos esta confrontación, terminamos mintiéndonos a nosotros mismos y empezamos a olvidarnos de quiénes somos. Empieza por hablar contigo con honestidad: plantéate las preguntas siguientes cuando debas tomar una decisión:

«¿Cómo me hace sentir esto realmente?»

«¿Seguro que quiero ir a este viaje?»

«¿De verdad me apetece hablar en este momento?»

«¿De verdad quiero aceptar esta invitación?»

Una vez que aceptes con honestidad cómo te sientes, es probable que esa misma honestidad se proyecte hacia el exterior. Y, cuando eso suceda, es posible que debas enfrentarte a algún conflicto. Esto nos lleva al segundo paso.

Paso 2: Discute más[46]

¿Te estamos diciendo que te metas en más discusiones? Pues sí, suponemos que sí.

¿Cuántas veces has decidido no hablar o no compartir tu opinión porque sabías que los demás no estarían de acuerdo? A menudo, hacer caso a tu voz interior y ejercer tu superpoder de la **originalidad** implica no esconder tus opiniones. Adelante, ¡dales voz! Muchas veces, cuando compartes tus opiniones, los demás aprovechan la oportunidad para compartir la suya, y así empiezan los debates o incluso las discusiones. ¡Eso no siempre es malo! Quizá aprendas algo nuevo; tus ideas podrían evolucionar hasta convertirse en ideas aún mejores. Claro, sería más fácil callarte tus opiniones, pero si escondes siempre tu voz interior, también le escondes al mundo la persona que eres en realidad. Orville y Wilbur Wright, los inventores del primer avión que consiguió volar, nos demuestran lo que puede pasar:

Paso 3: ¡Entra en acción!

Entrar en acción fortalecerá tu voz interior. Escucha tu voz y actúa en consecuencia. Esto es un ejemplo de lo que puede pasar:

¡Haz estos ejercicios!

1. **Regala algunas llaves de tu corazón.** A veces, tu voz interior consigue información del exterior que puede serle útil. No siempre lo que nos llega de fuera es ruido. ¿Cómo sabes qué debes dejar entrar y qué no? ¡Lo eliges tú! Queremos que elijas a cinco personas en las que confíes mucho y cuyas opiniones valores. Imagina que le das a cada una de ellas una llave que da acceso a tu voz interior. Esto significa, por ejemplo, que estás dispuesto a compartir con esas personas tus verdades más íntimas. Pueden apoyarte cuando necesites

ayuda para tomar una decisión importante o cuando te enfrentes a un desafío. Decidir no darle la llave a alguien también es importante. Si sientes que alguien que no tiene llave te presiona, te hace daño o emite mucho ruido, ya has decidido que no dejará que afecte a tu voz interior.

¿A quién le entregarás tus llaves? Escribe dentro de cada llave de tu voz interior el nombre de la persona a la que se la darás.

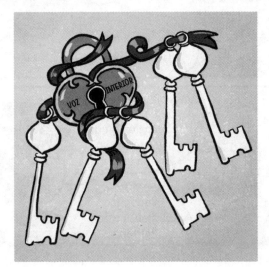

2. **Arriésgate.** Sigue a tu voz interior y a tu verdadero yo en lugar de perseguir un posible resultado. Por ejemplo, pongamos que tu voz interior te está diciendo que te arriesgues y cantes una de tus canciones en el concurso de talentos. Puedes comprobar que la que habla es de verdad tu voz interior si cierras los ojos, te pones la mano sobre el corazón y te concentras en lo que sientes. Conocer y seguir a tu voz te ayuda a arriesgarte, mientras que decidir pensando en el posible resultado puede hacer que acabes evitando correr riesgos. Esta es la diferencia:

SEGUIR A TU VOZ INTERIOR:	PENSAR EN EL POSIBLE RESULTADO:
«Quiero participar en el concurso de talentos.»	«Quiero ganar.»
«He empezado a escribir una canción y creo que es perfecta.»	«Tiene que ser la mejor actuación del mundo.»
«Creo que me voy a divertir un montón.»	«Tengo que asegurarme de que a todos les encante.»

3. **¿Quién lo dijo?** ¿Puedes adivinar a qué persona famosa se le atribuyen las citas siguientes?

«Yo no encajaba en el instituto,
me sentía como un bicho raro.»

«Esta es la persona que realmente
soy y tardé mucho tiempo en aceptarlo.»[47]

«Tienes derecho a elegir lo que quieres hacer
y lo que no. Tienes derecho
a elegir en qué crees y en qué no crees.
No estás aquí para ser una marioneta.»

«Parte de mi identidad consiste en decir
que no a las cosas que no quiero hacer...
"No voy a salir en esa foto. No voy a ir a ese evento..."
Luego, te miras en el espejo y piensas:
"Sí... Conozco a esa persona. Es una persona íntegra".»[48]

Todas estas frases las dijo Lady Gaga, que luchó personalmente contra el deseo de camuflarse antes de aceptar su superpoder de ser **original**.

«Hay veces en la vida en las que no te sientes como un ganador, pero eso no quiere decir que no lo seas. Tú eres la persona que quieres ser.»

LADY GAGA

4. **¿Qué dice tu voz interior?** Puedes entrenarte para comprender a tu voz interior planteándote preguntas y buscando las respuestas dentro de ti. Inténtalo con estos ejemplos:

ESCENA

Un amigo tuyo se ha roto la pierna y se tiene que quedar en el aula durante el recreo. Cuando llega la hora, todo el mundo se pone el abrigo y sale corriendo a jugar a fútbol. Para ti, ese suele ser el mejor momento del día. Estás junto a la puerta; primero miras a tu amigo, que está sentado solo, y luego al último de tus compañeros, que se va hacia el recreo a toda prisa. ¿Qué te dice tu voz interior? ¿Qué haces?

VOZ INTERIOR

_____

_____

_____

_____

_____

ESCENA

Estás trabajando en un proyecto de grupo con otros tres estudiantes. Tenéis que hacer una presentación sobre el sistema solar, y todo el mundo insiste en que tiene nueve planetas, aunque tú sabes que solo son ocho (¡Plutón es un planeta enano!). De todos modos, son tres contra una, y dentro de dos minutos tendrás que presentarlo delante de toda la clase. ¿Qué te dice tu voz interior? ¿Qué haces?

VOZ INTERIOR

_____

_____

_____

_____

_____

ESCENA

Esta noche viene tu tía preferida a cuidar de ti. Antes de irse, tu madre te dijo que nada de videojuegos y que tenías que leer durante una hora. Después de cenar, tu tía enciende el televisor y te pasa uno de los mandos. «¿Qué?, ¿preparado para darme una paliza?», te pregunta. Sabes que tu tía no se chivará, pero... ¿qué te dice tu voz interior? ¿Qué haces?

VOZ INTERIOR

_____

_____

_____

_____

_____

ESCENA

Estás muy cansada después de una larga semana de clases. Nada te apetece más que irte a casa, comerte una pizza y ver una peli con tu padre, pero tu mejor amiga ha invitado a unos amigos a su casa. «¿Por qué te quieres ir a casa? ¿Es que no te gusta venir a la mía?», te pregunta. La verdad es que no te apetece nada, pero también tienes miedo de perderte algo divertido. ¿Qué te dice tu voz interior? ¿Qué haces?

VOZ INTERIOR

_____

_____

_____

_____

_____

IDEAS CLAVE

- Tu voz interior es única: te habla solo a ti y guía tus decisiones.
- Cuando escuchas a tu voz interior, alimentas tu superpoder de la **originalidad**.
- Es posible que tu voz interior te obligue a salir de tu zona de confort, a participar en discusiones y a arriesgarte más, pero si confías en ella, jamás te llevará por el camino equivocado.

CAPÍTULO 12

LA DESENVOLTURA

Gia empezó a jugar con muñecas cuando era muy pequeña. Le regalaron la primera al cumplir los dos años y, después de eso, no hubo ni un cumpleaños ni día señalado en el que no le dijera a todo el mundo que las muñecas y sus accesorios estaban en los primeros puestos de su lista de deseos. Sus amigas también tenían y a veces jugaban todas juntas a inventarse historias.

Sin embargo, cuando Gia se hizo mayor, las cosas cambiaron. De repente, las demás niñas decidieron que las muñecas eran para niñas pequeñas. Ella no estaba de acuerdo, pero, como sabía que sus amigas se reirían de ella, dejó de hablar sobre muñecas y, cuando iba gente a su casa, las escondía todas en el fondo de su armario. Solo las sacaba cuando se quedaba sola. Siguió usándolas durante años para contar historias, pasearlas por un mundo imaginario, colocarlas en diferentes posturas e interpretar escenas que se inventaba. Pero, de todos modos, se sentía como un bicho raro, como si no hubiera un sitio en el mundo para ella y su afición supersecreta.

Todo eso cambió cuando tenía trece años. A su clase le asignaron un proyecto audiovisual en el que el alumnado, en pequeños grupos, debía escribir un guion, grabar un vídeo y mostrárselo al resto de la clase. Sus compañeros y compañeras no sabían dónde colocar a los actores ni dónde poner la cámara; ni siquiera sabían contar una histo-

ria creíble. Gia se pasó una clase entera observando lo mucho que les costaba avanzar con el proyecto y luego decidió dar un paso al frente y presentarse voluntaria para ser la directora. Al día siguiente, fue a clase con su caja de muñecas y, junto a los demás, las utilizó para inventar la escena y planificar las posiciones y movimientos de los personajes. Incluso utilizaron un teléfono móvil para probar distintos planos con la cámara. Al final del día, habían planificado todo el proyecto audiovisual y Gia estaba aprendiendo que sí que había un sitio para ella y sus pasiones.

Ya has activado tus superpoderes de la **presencia** y la **originalidad**. Tus pensamientos y emociones ya no son un obstáculo; tu voz interior es como la Estrella Polar que guía tus actos. Ya te sientes capaz de convertirte en un pionero o pionera, de inventar e innovar. ¡Te sientes capaz de comerte el mundo! Pero ¿dónde puedes liberar tus nuevos superpoderes?

Quizá tu voz interior te esté diciendo que te encantan los pandas gigantes. De hecho, este fin de semana se va a proyectar un documental sobre ellos y tienes muchas ganas de ir, pero nadie quiere acompañarte y eso no te hace sentir muy bien. Quizá te encanta la música pop de los años noventa, pero tu hermana te mira con cara de «ni lo sueñes» cuando le pides que la baile contigo. Sí, claro, puedes oír a tu voz interior y creer en ella, es lo que te hace **original**, pero ¿para qué vas a usar ese superpoder si sientes que no puedes compartir con los demás la persona que eres en realidad? ¿De qué te sirve si ni siquiera puedes hablar de ella? ¿Si sientes que no encajas en ningún sitio?

Sobre eso de encajar...

Todos queremos que nos acepten y nos esforzamos mucho para conseguirlo, pero a veces cambiamos nuestra personalidad de una manera que no nos hace sentir bien, que nos resulta falsa. Esto lo aprendimos en el capítulo 6, cuando hablamos del camuflaje. Ya hemos dejado de camuflarnos, por supuesto, pero eso no quiere decir que no queramos que la gente nos comprenda y nos acepte. Queremos tener amigos y amigas y sentirnos a gusto en situaciones sociales sin vernos obligados a luchar por formar parte de un grupo. Queremos que la gente nos entienda. Si no sentimos que las personas de nuestro entorno nos quieren y nos aceptan, nunca podremos comportarnos con **desenvoltura**.

Queremos hacerte una pregunta. Para sentir el amor y la aceptación de los demás, ¿de verdad necesitas encajar? ¿De verdad la aceptación consiste en intentar ser lo que otras personas quieren que seas? Creemos que lo que en realidad anhelas no es encajar, sino sentir que has encontrado tu sitio, algo que llamamos «pertenencia». No es que queramos ser muy técnicas con las palabras, sino que estos dos conceptos indican dos formas distintas de enfrentarse a la vida.

«Encajar» quiere decir «amoldarse», es decir, que intentas cambiar para encajar en una situación.[49]

El sentido de pertenencia te permite mostrarte tal y como eres, con rarezas incluidas, y sentir que te quieren y te aceptan.

ENCAJAR	PERTENENCIA

Cambiar tu comportamiento para que te acepten

Cambiar tus opiniones para que te acepten

Cambiar tu personalidad de una forma que te hace sentir poco auténtica o falsa para que te acepten	Mostrarte tal y como eres, defectos incluidos, y que te acepten de todos modos

¿Cómo te sientes cuando encuentras tu sitio?

Cuando puedes oír tu voz interior con claridad, has activado tu superpoder de la **originalidad**. Cuando eres capaz de coger esa voz y enseñársela a los demás, incluyendo a tus amistades, a tu familia y demás grupos de gente —¡incluso a ti!—, has activado tu superpoder de la **desenvoltura**. El ingrediente secreto que alimenta este superpoder es la pertenencia.

PERTENENCIA → DESENVOLTURA

Lo más maravilloso de la pertenencia es que tienes mucho control sobre el proceso. Empieza contigo y con cómo te ves. Necesitas enamorarte de la persona que ves en el espejo. Sabemos que es más fácil decirlo que hacerlo, pero no te preocupes: no hemos olvidado que nuestro trabajo consiste en darte algunos consejos para lograrlo.

Practicar la pertenencia

Cuando quieres mejorar en algún juego o deporte nuevos, le añades esfuerzo y práctica a tu talento innato. Lo creas o no, para encontrar tu sitio puedes hacer lo mismo. Seguramente, ya sientes algún grado de pertenencia (este sería tu talento innato), y, además, hay ejercicios que puedes hacer para fortalecer esta sensación (lo que sería el esfuerzo).

Empecemos descubriendo de qué formas maravillosas has encontrado tu sitio.

¿SABÍAS QUE...?

La pertenencia no solo te hace sentir bien, sino que además ¡es buena para la salud!

En los años cincuenta, un grupo de científicos descubrió que en una pequeña ciudad de Pensilvania llamada Roseto vivía un grupo de personas con una salud excepcional.[50] ¡Era hasta antinatural! Esto sucedió antes de que se inventaran los medicamentos para el colesterol y otras estrategias para prevenir las enfermedades cardíacas. En aquel entonces, había una epidemia de ataques al corazón por todo el país... Pero no en Roseto. En aquella ciudad, casi ninguna persona menor de cincuenta años mostraba síntomas de enfermedad cardíaca y, por encima de los sesenta y cinco, la media de estas enfermedades era la mitad que en cualquier comunidad cercana.

Así pues, empezaron a realizarse estudios. ¿Por qué aquella gente estaba tan sana? ¿Fumaban menos? No. ¿Comían mejor? Uno de los platos más populares eran las albóndigas fritas en manteca de cerdo, así que esa tampoco podía ser la causa. Tras años de investigaciones, descubrieron que lo que mantenía sano el corazón de los habitantes de Roseto era esa sensación de pertenencia a una comunidad: iban a visitarse, en cada casa vivían varias generaciones, comían y cenaban juntos... Y, aunque las familias eran independientes, todos buscaban apoyo en el resto de la comunidad. Lo que protegía a los habitantes de Roseto de los peligros para la salud del mundo moderno era la estructura social.

De entre todas las verdades que te hemos dicho en este libro, queremos que prestes atención a esta: ahora mismo, en este preciso instante, eres una persona increíble, maravillosa y preciosa, siendo tal y como eres. Tienes un montón de virtudes, y no te lo decimos solo para que te sientas mejor. Nuestra experiencia con otros niños y niñas nos dice que es cierto, y la ciencia también. Solo necesitas un poco de ayuda para ver tus propias fortalezas... Y, para que puedas verte con claridad, te vamos a hacer un regalo: las Gafas de Super-Visión.

Estas gafas te ayudarán a verte como nosotras te vemos. Echa un vistazo a estos ejemplos y te darás cuenta de que usarlas puede permitirte cambiar la imagen que tienes de la persona que ves cada día en el espejo.

Pensamiento original: «Le doy demasiadas vueltas a las cosas».

Gafas de Super-Visión: «Tengo una imaginación formidable».

Ciencia: La gente que piensa demasiado suele tener mucha imaginación. Eres capaz de ver las cosas desde perspectivas nuevas y originales.[51]

Pensamiento original: «Soy demasiado sensible».

Gafas de Super-Visión: «Me porto bien con mis amistades y tengo mucha empatía».

Ciencia: Cuando eres sensible a tus propias emociones, puedes proyectar ese poder hacia los demás. Eso te da la habilidad de saber cómo se sienten otras personas y de portarte bien con ellas.[52]

Pensamiento original: «Soy muy tímida y no me gustan las aglomeraciones».

Gafas de Super-Visión: «Se me da genial escuchar».

Ciencia: Tal vez te sientas abrumada o cansada cuando estás en una fiesta llena de gente y de ruido, pero te encanta pasar tiempo charlando con tus amigos. Sabes escuchar y consigues entablar amistades sólidas y a menudo para toda la vida.[53]

Pensamiento original: «Tardo mucho en tomar decisiones».

Gafas de Super-Visión: «Tengo capacidad de liderazgo».

Ciencia: Cuando has de tomar una decisión, tienes en cuenta todos los posibles resultados, algo característico de los y las grandes líderes.[54]

¡Es hora de ponerte tus Gafas de Super-Visión y descubrir tus fortalezas! Escribe en la página siguiente tus pensamientos originales y luego los que ves a través de las gafas:

PENSAMIENTO ORIGINAL:
Tardo mucho en tomar decisiones.

GAFAS DE SUPER-VISIÓN:

Tengo capacidad de liderazgo.

PENSAMIENTO ORIGINAL:

GAFAS DE SUPER-VISIÓN:

PENSAMIENTO ORIGINAL:

Gafas DE SUPER-VISIÓN:

PENSAMIENTO ORIGINAL:

GAFAS DE SUPER-VISIÓN:

Solo hace falta una persona

Es duro sentir que, aunque te dejes guiar por tu voz interior y cuentes tu verdad, nadie te entiende ni está de acuerdo contigo... Bueno, eso no es exactamente así. No solo es duro. ¡Es un asco! A veces, te sientes como si vivieras en una ciudad en la que nadie habla tu idioma.

¿Tienes opiniones con las que nadie parece estar de acuerdo? Quizá piensas cosas como: «Me encantan las judías verdes. Me gusta ver programas de televisión en los que reforman casas. Prefiero quedarme en casa leyendo en lugar de ir a esa fiesta de cumpleaños».

Opines lo que opines, a veces pensarás algo que no es «popular» y tal vez no encuentres a nadie que esté de acuerdo contigo. Y, cuando tu opinión es totalmente diferente a la de los demás, aparte de sentirte solo, te resulta duro enfrentarte a ellos. ¡La ciencia lo demuestra!

Pero antes de que te hablemos de esa fascinante investigación, queremos recordarte dos cuestiones. La primera es que tu superpoder de la **originalidad** se ha activado, así que ahora puedes oír a tu voz interior alto y claro. No necesitas fingir que eres alguien que no eres, o decir que algo te gusta si no es así. En segundo lugar, recuerda que la sensación de pertenencia más poderosa que sentirás nunca es la de pertenecerte a ti. Sabemos que puede costar aceptarlo (¡a cualquier edad!), pero esta es una idea muy poderosa, así que no podíamos obviarla. Tu sitio está CONTIGO.

Y ahora volvamos a la ciencia. ¡Esto te va a dejar con la boca abierta! En los años cincuenta, un hombre llamado Solomon Asch hizo un experimento que hoy en día es muy famoso.[55] Mostró lo que sucede cuando una persona tiene una opinión única, que nadie más comparte. Imagina que formas parte de este experimento: entras en una sala en la que hay otras seis personas y, en el fondo de la habitación, hay una imagen parecida a esta:

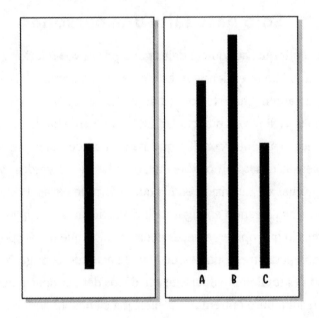

El investigador te dice:

—Mira la columna de la izquierda y luego mira las tres de la derecha. Elige la columna de la derecha que mida lo mismo que la de la izquierda.

Crees que se trata de una prueba de agudeza visual. Observas con atención todas las columnas y piensas: «Qué fácil. Es evidente que la respuesta correcta es C». Sin embargo, no puedes contestar antes de que llegue tu turno.

El investigador le pregunta a la primera persona:

—¿Qué línea crees que mide lo mismo?

—B —responde.

«¡¿Qué?! —piensas—. Pero ¿este tipo adónde mira?» Pero todavía no te toca contestar a ti.

La siguiente persona también dice que la respuesta correcta es B. Y la siguiente. Y la siguiente. Al final, las seis personas que iban delante de ti han asegurado que la respuesta correcta es B. Y ahora te toca a ti: vuelves a mirar las columnas. Tienes clarísimo que la correcta es C, pero... todo el mundo ha dicho que era B. ¿Qué se te escapa? El investigador está esperando. Respiras hondo y contestas...

¿Qué crees que contestarías? Un momento, no respondas aún. Antes tenemos que contarte unas cuantas cosas sobre este experimento. La primera, que la respuesta correcta es la más evidente. Si al mirar las columnas has pensado que era C..., has acertado. En segundo lugar, esas seis personas que entraron contigo en la sala... ¡eran parte del experimento! A todas les habían dicho antes que dieran una respuesta incorrecta. Y, finalmente, esto no era una prueba de agudeza visual. Solo era un experimento para ver si la gente escondía su opinión solo porque sentía presión social.

Hicieron este experimento una y otra vez y, más de dos de cada tres veces, la gente daba una respuesta equivocada solo por no contradecir a la mayoría. Fascinante, ¿verdad? Pero esta es la verdadera lección: solo con que una persona eligiera la respuesta correcta antes de que llegara el turno del sujeto del experimento, a este le resultaba mucho más fácil contradecir a la mayoría. Esto significa que a veces solo necesitamos que otra persona alce la voz y nos eche una mano para sentirnos acompañados y atrevernos a decir lo que pensamos.

Lo que esto nos demuestra es que es más fácil alcanzar esa sensación de pertenencia cuando sientes que hay una persona de tu lado, aunque solo sea una. Sigue manifestando lo que te dice tu voz interior y busca a esa otra persona que cree en ti y en ella. Y, si eres la primera persona lo bastante valiente como para hablar, quizá seas tú quien inspire a los demás a compartir su verdad.

«¿Has visto cómo ha jugado Jackie Robinson?»

Si a alguien le han hecho sentir alguna vez que no estaba en el sitio que le correspondía, ese fue Jackie Robinson.[56] En los años cuarenta, existía una práctica en los Estados Unidos llamada «segregación», que consistía en separar a la gente por razas en sus actividades cotidianas, en los lugares donde se relacionaban con los demás, donde vivían y donde se educaban. Debido a ello, los jugadores de béisbol blancos y los negros tenían que competir en ligas diferentes.

Cuando el presidente de los Brooklyn Dodgers, un equipo que competía en la Liga Mayor reservada a los jugadores blancos, decidió que ya era hora de que estos y los negros jugasen juntos, supo que no sería fácil. Era consciente de que sería difícil que los aficionados blancos de la época aceptaran a un jugador de color. Necesitaba que el primer hombre negro que jugara en aquella liga fuese alguien fuerte, alguien capaz de dar un paso al frente cuando nadie más estuviera dispuesto a hacerlo. El jugador necesitaba tener **originalidad** y una fuerte voz interior. Al final, seleccionó a Jackie Robinson, no solo por su talento, sino porque tenía la fortaleza necesaria para enfrentarse a las decenas de miles de entrenadores, jugadores y aficionados que le dirían que aquel no era su sitio.

«No me preocupa si os gusto o no... Lo único que pido es que me respetéis como ser humano.»

JACKIE ROBINSON

Jackie usó hasta la última gota de su poder de la **desenvoltura** para mostrarle al mundo que aquel sí era su sitio, que él también pertenecía a esa liga. En su primera temporada, fue seleccionado como Novato del Año. Unos años más tarde, tenía un promedio de bateo de 0,342 (lo que está MUY bien) y lideraba la clasificación en bases robadas, lo que lo ayudó a ganarse el título de Jugador Más Valioso. En

1955, contribuyó a la victoria de los Dodgers en la Serie Mundial. Pero lo más importante de todo es que, como tuvo la valentía suficiente para enfrentarse a aquel desafío solo, introdujo al béisbol en una nueva era en la que personas de todas las razas podían disfrutarlo juntas.

¡Haz estos ejercicios!

1. **Derriba las barreras.** ¡Todos estamos conectados! Piensa en alguien con quien no te lleves bien, como ese chico de tu clase que te lo hace pasar un poco mal. Quizá a veces colocas tu mochila en el asiento de al lado del autobús para que no se siente una chica en concreto o te peleas todo el tiempo con tu hermano. Hay un vínculo que os conecta, un vínculo que te une a todas esas personas que crees que no te entienden y con las que jamás pasarías el rato, y a la inversa. Estáis —y estamos— conectados.

   Y no lo estamos solo porque todos seamos seres humanos, sino porque todos tenemos experiencias en común, entre las que se encuentran los desafíos y las celebraciones. Piensa en esa persona con la que ahora mismo no sientes ninguna conexión y haz el ejercicio con ella en mente.

   Escribe algunos de los desafíos a los que crees que debe enfrentarse y luego escribe algunos de los tuyos. Después anota cosas que crees que celebra y a continuación las que celebras tú. Une con una línea todo lo que hay en común entre sus desafíos y los tuyos y entre sus celebraciones y las tuyas. Aunque en los detalles haya diferencias, no olvides que esa conexión existe de todos modos, porque ambos tenéis desafíos a los que enfrentaros y cosas que celebrar. A continuación tienes un ejemplo. En las páginas siguientes encontrarás espacio para escribir tus desafíos y celebraciones.

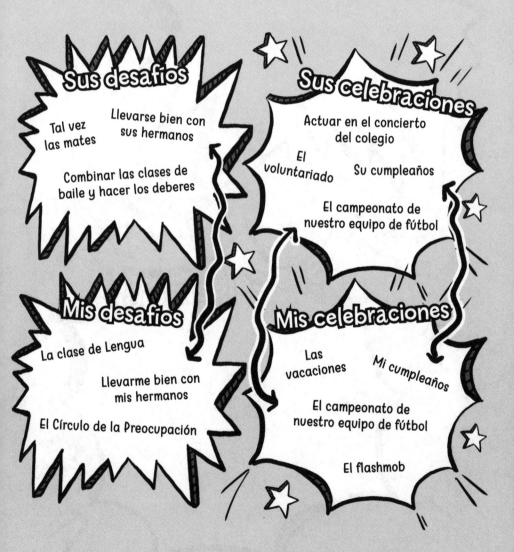

Sus desafíos

Sus celebraciones

Mis desafíos

Mis celebraciones

2. **Planta tu Árbol de las Fortalezas.**[57] En psicología, se han descubierto veinticuatro fortalezas de carácter que todos los seres humanos tenemos en distinto grado: son las veinticuatro fortalezas de carácter VIA. Puedes verlas en las raíces del Árbol de las Fortalezas de las dos páginas siguientes, mientras que las hojas reflejan de qué modo se pueden mostrar en la vida diaria. Ahora dibuja tu propio árbol con sus raíces y sus hojas. Escribe al menos tres de tus mayores fortalezas en las raíces y usa las hojas para anotar de qué forma aparecen en tu vida.

3. La pertenencia a tu propio cuerpo. Es fácil decir que tu sitio está contigo, pero para creer de verdad en esas palabras, tienes que aprender a quererte, a aceptarte y a celebrarte tal y como eres. Y algunas de las cuestiones con las que vemos que muchos niños y niñas (¡y personas adultas!) tienen dificultades para encontrar su sitio son relativas a sus cuerpos. Si te sientes así, haz estos ejercicios.

Dile: «Lo siento». Si has sido desagradable con tu cuerpo, ya sea con palabras o con acciones, es hora de pedirle perdón por haberlo tratado mal.

Dile: «Te quiero». Tu cuerpo hace un trabajo increíble para ti, tanto de día como de noche. Es hora de transmitirle tu amor y tu aceptación y de darle las gracias por ayudarte de tantas maneras distintas.

En las páginas siguientes, escribe una carta a tu propio cuerpo en la que le digas que lo sientes y otra en la que le digas que lo quieres.

Lo siento

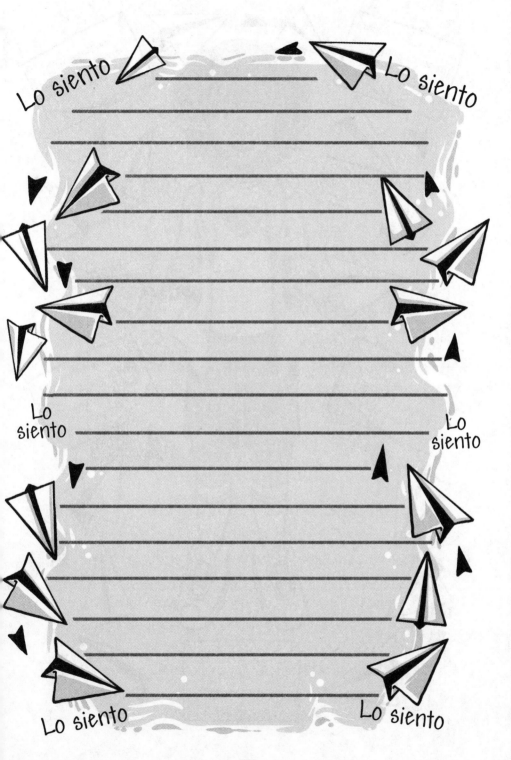

255

256

4. La bondad amorosa.[58] La meditación de bondad amorosa te ayuda a quererte y a aceptarte, tanto a ti como a los demás. Es una forma estupenda de alimentar esa sensación de pertenencia. Haz estos ejercicios de meditación por la mañana al levantarte o por la noche, antes de irte a dormir. Siéntate o túmbate en una postura que te resulte cómoda.

Respira hondo inhalando por la nariz y exhalando por la boca. Repite estas palabras:

Que sea feliz y tenga salud y paz.
Que consiga librarme de la tristeza y los malos sentimientos.
Que consiga librarme de la ira.
Que consiga librarme del dolor.
Que consiga librarme de las dificultades.
Que consiga librarme del sufrimiento.
Que sea feliz y tenga salud y paz.
Que la bondad amorosa me llene.
Que esté en paz.

Respira hondo inhalando por la nariz y exhalando por la boca. Repite estas palabras:

Proyecto esta bondad amorosa al exterior.
Mando amor y bondad a mi familia.
Mando amor y bondad a mis amistades.
Mando amor y bondad a todos los seres humanos.
Que consigan librarse de la tristeza y los malos sentimientos.
Que consigan librarse de la ira.
Que consigan librarse del dolor.

Que consigan librarse de las dificultades.

Que consigan librarse del sufrimiento.

Que sean felices y tengan salud y paz.

Que la bondad amorosa los llene.

Que estén en paz.

IDEAS CLAVE

- Para alcanzar la **desenvoltura**, necesitamos sentirnos queridos y aceptados, pero eso no significa que debamos cambiar para encajar: significa que debemos encontrar nuestro verdadero sitio, alcanzar una sensación de pertenencia.

- A menudo, solo hace falta que una persona nos vea y nos comprenda para obtener esa sensación de pertenencia y recuperar la **desenvoltura**.

CAPÍTULO 13
LA ENERGÍA

Lola entró en el despacho de su orientador escolar y se detuvo en seco.

—¿Dónde está el señor Treadwell? —le preguntó a la desconocida que había sentada a la mesa.

Lola odiaba las sorpresas. Siempre estaba cansada y no le apetecía lidiar con cosas raras.

—Esta semana está de vacaciones; yo lo sustituiré hasta que vuelva. Soy la señora Awestruck.

La señora Awestruck tenía una melena muy voluminosa y en el despacho se oía una extraña música de flauta de fondo.

—Bueno, yo tenía cita para planificar mi futuro académico con el señor Treadwell. Necesito hablarlo ya, se me está acabando el tiempo.

Lola, que estaba nerviosa, empezó a mordisquear la punta del bolígrafo. No podía permitirse quedar rezagada. ¡Aquello era importante!

—Así que tu futuro académico... ¿Cuántos años tienes?

—Doce.

—Siéntate, Lola. ¿Qué tal si me cuentas qué quieres planificar exactamente?

—Necesito saber qué asignaturas optativas elegir en el instituto para conseguir entrar en una buena universidad y encontrar un buen trabajo cuando me gradúe y así poder...

—Bueno, bueno, ¡no te aceleres! Lo que describes es muy a largo plazo. Todavía te queda mucho tiempo. ¿Por qué tienes tanta prisa? Parece que estés intentando ganar una carrera. ¿Qué esperas encontrar al final?

Lola se encogió de hombros. Tenía una imagen muy clara en su cabeza: una casa con una valla blanca. Pero no quería compartirla con la señora Awestruck porque le daba un poco de vergüenza.

—A ver si lo adivino —continuó—. Una casa con una valla blanca. ¿De verdad es eso lo que te da energía? ¿Significa algo para ti?

—¿Qué quiere decir con «si significa algo»?

—Mira, si quieres, puedes venir la semana que viene y planificar tu futuro académico con el señor Treadwell. Es importante. Pero a mí me gustaría que hoy dedicáramos el tiempo a otra cosa. Nos vamos a centrar en el sentido de la planificación.

Sí: estamos aquí para hablarte del sentido, el ingrediente secreto que alimenta tu superpoder de la **energía**.

SENTIDO → ENERGÍA

Sabemos que tener **energía** es importante para ti, así que no nos entretendremos demasiado. Pero, antes de empezar, acabamos de darnos cuenta de que ya casi te has terminado el libro (es una pena, ¡ya lo sabemos!) y no hemos hablado mucho de superhéroes ni superheroínas. Lo cierto es que, para ser un libro titulado *Tienes superpoderes*, hay una escasez de superhéroes considerable.

¿Por dónde empezamos? Bien, está el tipo del escudo, la mujer con el pelo rojo y una patada superpoderosa, el hombre que se viste de murciélago... También está la mujer que tiene fuerza sobrehumana y el Lazo de la Verdad. Ah, y el tipo que se viste de pantera, que tiene el traje más guay de todos. Y luego está nuestro superhéroe preferido, ese chico que puede encogerse hasta hacerse minúsculo: es como un hombre del tamaño de una hormiga. ¿Cómo se llamaba? Nos gusta porque, aunque comparado con los demás es muy pequeño, sigue siendo muy poderoso. Suponemos que te estarás preguntando qué tiene que ver el Hombre Hormiga con todo esto... Te lo explicaremos al final del capítulo, ¿vale? Te lo prometemos. De momento, nos centraremos en devolverte tu **energía**.

¿De qué me sirve?

En clase de Matemáticas siempre pensábamos: «¡No me apetece hacer esto! ¿De qué me sirve?». Nuestros padres nos pedían que hiciéramos la cama cada mañana y nos decíamos: «¿Y para qué? ¡Si nadie lo va a ver!».

Cuando no sabes muy bien por qué haces las cosas, cuesta mucho no perder la **energía**. ¿Cómo te va a motivar algo si no sabes para qué sirve? Y, por desgracia, nos hemos sentido así incluso respecto a cosas «muy importantes» para la vida, en plan: «¿Para qué hago todo esto? ¿Es para conseguir un buen trabajo? ¿Para comprar una casa y tener hijos?».

¿Te acuerdas del Mapa de la Buena Vida del que te hablamos en el capítulo 8? ¿Recuerdas el hastío que nos provocaba seguir aquel mapa? Somos conscientes de que pasar la vida en busca de la felicidad puede presentar desafíos. Algunas investigaciones demuestran que cuando buscamos cosas materiales, pedacitos de felicidad o incluso la felicidad misma, la búsqueda suele acabar en lo contrario. Si piensas que el sentido de la vida consiste en ser feliz todo el tiempo, tarde o temprano descubrirás que tu superpoder de la **energía** se ha agotado.

El objetivo que debemos perseguir es otro: el sentido.

El sentido cambia según cada persona. Es el valor que cada uno de nosotros le da a las cosas. Y es como una huella dactilar: no hay dos personas en el mundo que le hayan encontrado exactamente el mismo sentido a la vida, así que nadie más puede decirte qué tiene sentido para ti y qué no. El sentido es el «porqué» de la vida. En lugar de la felicidad, al final del Mapa de la Buena Vida puedes imaginar el sentido como meta, si quieres. Sin embargo, para llegar hasta allí debes encontrar tu propio camino y experimentarlo tú. Debes cultivarlo tú.

Lo que le da sentido a la vida varía dependiendo de la persona, pero eso no quiere decir que no podamos intentar encontrar similitudes. De hecho, eso es justo lo que hizo la investigadora Emily Esfahani Smith, quien, a través de sus estudios, descubrió lo que llamó «los cuatro pilares del sentido».[59] Son las cosas que dan sentido a la vida de la gente, las que nos motivan y nos dan **energía** más a menudo, y son:

PERTENENCIA, PROPÓSITO, NARRACIÓN Y TRASCENDENCIA.

LA PERTENENCIA: Si has llegado hasta aquí, ya debes de saber un montón de cosas sobre la pertenencia: hablamos mucho sobre ella en el capítulo 12, cuando trabajábamos para recuperar la **desenvoltura**. ¿Te acuerdas? ¡Estupendo! Todo el mundo quiere... No, mejor dicho: todo el mundo NECESITA sentir que ha encontrado su sitio. Es, literalmente, una necesidad biológica. Pero ¿sabías que esforzarse en cultivar relaciones importantes puede ser uno de los fundamentos para tener una vida con sentido? Cuando contribuimos a la vida de nuestras amistades y marcamos una diferencia, nos sentimos bien. Y, del mismo modo, que nuestras amistades aporten cosas positivas a nuestra vida nos llena de una satisfacción profunda y duradera. Crear y mantener relaciones sanas aporta sentido, motivación y, sí, **¡energía!**

Ejercicio: Piensa en las personas que hay en tu vida que son importantes para ti. ¿Quién te proporciona una mayor sensación de pertenencia? ¡Díselo! Escríbele una carta en el espacio que hay a continuación o en una libreta. Háblale del impacto positivo que tiene sobre ti y explícale que te aporta sentido. Cuando termines, tómate unos instantes para percibir cómo te sientes cuando les dices a tus seres queridos lo que significan para ti.

PROPÓSITO: Un momento, ¿el propósito es uno de los pilares del sentido? Pero ¿no son casi sinónimos? No exactamente. Como decíamos, el sentido es el valor que cada persona le da a las cosas. En cambio, tener un propósito consiste en tener un objetivo a largo plazo que te motive a contribuir al mundo. Quizá descubras que tu propósito es hacer un voluntariado en un hospicio varios días por semana o cocinar para la gente que quieres. Tu vida es única y nadie más la va a vivir. Nadie más está equipado para compartir exactamente lo que hay dentro de ti. ¡Esta idea sí que es **energizante**!

Ejercicio: Imagínate en un futuro lejano. Gracias a los avances en el campo de la medicina, ¡has conseguido llegar a los 151 años! Has vivido una vida maravillosa y llena de sentido. Ahora, imagina que esa versión centenaria de ti puede utilizar la tecnología del futuro para contactar con tu yo del presente.

Escribe lo que tu yo del futuro te cuenta sobre tu vida.

Hola, joven yo. Hemos tenido una vida maravillosa. ¡Voy a contarte varias cosas!

Así es como hemos contribuido al mundo:

_____

_____

_____

La gente valoró lo que hicimos porque:

_____

_____

_____

Nos llevó tiempo, pero al final encontramos nuestro propósito, ya que:

_____

_____

_____

NARRACIÓN: Sí, contar historias es importante para dar sentido a nuestra vida. Qué divertido, ¿verdad? Lo que pasa es que los seres humanos no nos llevamos muy bien con el desorden y el caos. Nos gusta el orden, la lógica y las series de acontecimientos fáciles de comprender. Cuando no entendemos algo, nos sentimos incómodos. Las historias tienen un principio, un nudo y un desenlace, y suelen ser satisfactorias, emocionantes e inspiradoras, así que es natural que una de las mejores formas de que tu propia vida te resulte satisfactoria, emocionante e inspiradora sea contarla en una historia.

Cuando quieres que otra persona comprenda quién eres, le cuentas historias sobre tu vida. Y, del mismo modo, cuando quieres saber algo de otra persona, le pides que te hable de sus experiencias. La forma en la que empezamos a contar nuestras historias, las luchas o las dificultades que elegimos compartir y los resultados que percibimos al final nos da, a nosotros y a quienes nos rodean, un mayor sentido. Lo más **energizante** de estas historias es que, cuando alguien nos cuenta una emocionante, todo el mundo está deseando saber qué pasará a continuación. Aunque sintamos hastío, saber que los acontecimientos difíciles tendrán más sentido en el contexto más amplio de la vida nos ayuda a seguir adelante.

Ejercicio: Queremos que escribas la historia de tu vida... en solo seis palabras. ¡Exacto! Queremos que nos des una imagen clara de quién eres utilizando menos palabras de las que hemos usado nosotras en esta oración. Para hacértelo más fácil, empezaremos con una versión más larga y luego la iremos reduciendo. Cuando termines, tendrás una pequeña historieta que tendrá sentido para ti. Aquí tienes un ejemplo.

Historia de vida de cincuenta palabras: Cuando tenía cuatro años, mi madre me llevó a la granja donde se crio. Mi abuelo estaba en el granero junto a una cabra enferma y, cuando vi lo mucho que estaba sufriendo, rompí a llorar. Nunca olvidé aquel momento: es lo que hizo que quisiera cuidar de los animales.

Historia de vida de veinte palabras: Ver animales enfermos me entristece, así que cuido muy bien de mis perros y cuando sea mayor quiero ser veterinario.

Historia de vida de seis palabras: Me gustaría cuidar de los animales.

Historia de vida de cincuenta palabras: _____

_____

_____

_____

_____

Historia de vida de veinte palabras: _____

_____

_____

_____

_____

Historia de vida de seis palabras: _____

_____

_____

_____

_____

TRASCENDENCIA: Este es nuestro pilar del sentido preferido, pero también es el más difícil de explicar. ¡Menos mal que nos gustan los desafíos! La trascendencia es un momento en el que sientes una profunda impresión; cuando te das cuenta de que estás ante una experiencia fuera de lo común. Es cuando una persona se siente pequeña (en el buen sentido) y alejada de sí misma, y entonces comprende que forma parte de algo mucho mayor y más importante. Quizá incluso grite: ¡Guau!

La trascendencia, como pasa con la felicidad o con cualquier otra emoción, no suele durar, pero cuando la sientes, lo sabes y no lo olvidas jamás. Algunas personas la sienten cuando practican algún deporte, cuando ven un precioso atardecer, cuando escuchan ciertos tipos de música o cuando descubren que hay billones de estrellas en el universo. Es un momento en el que te pierdes de vista como individuo, pero, al mismo tiempo, sientes que el mundo está en armonía contigo, porque eres parte de él. Si vivimos es por momentos como este. Son los que nos dan **energía** a lo largo de la vida.

Ejercicio: Es muy difícil descubrir una experiencia trascendente, así, sin más, ¡sobre todo cuando estás leyendo un libro! Sin embargo, hemos encontrado algunos datos que, si piensas bien sobre ellos, te pueden acercar un poco a esa profunda impresión que hemos descrito. Echa un vistazo:

- Si pudieras construir una bañera gigante, tan gigante que en ella cupiera el planeta Saturno, este flotaría. ¡Saturno es menos denso que el agua![60]
- Hay una clase de medusa, llamada *Turritopsis dohrnii*, que puede envejecer al revés, es decir, va rejuveneciéndose hasta que su ciclo de vida empieza de nuevo..., ¡lo que le permite vivir para siempre![61]
- Cuando doblas un pedazo de papel por la mitad, duplicas su grosor. Si pudieras doblarlo por la mitad cuarenta y cinco veces, ¡sería lo bastante alto como para llegar a la luna![62]

Ahora, después de haber leído estos hechos y de reflexionar sobre ellos, cuéntanos cómo te hacen sentir:

_____

_____

_____

_____

_____

_____

Más grande que tú

Ahí lo tienes. Cada pilar del sentido nos pide que miremos nuestra vida desde fuera de nuestro propio yo, o desde fuera de un momento en particular. Cada uno te pide que te encojas, te empequeñezcas, dejes a un lado tu propia experiencia y mires la imagen general.

Esto nos lleva de nuevo junto a ese chico que podía hacerse muy pequeño. Como superhéroe, descubre que cuando tiene más impacto es cuando es diminuto, casi imperceptible para el ojo humano. Entonces no es el centro de atención, pero es poderoso, capaz de cambiar el curso de las batallas a mejor. Cuando pensamos en el sentido, no siempre es fácil recordar cada uno de los cuatro pilares, pero siempre recordamos al Hombre Hormiga. El sentido trata de ser una parte poderosa en algo mucho mayor de lo que nadie podría ser por sí mismo. Cuando pensamos como ese Hombre Hormiga, de repente, volvemos a sentirnos repletos de **energía**.

¡Haz este ejercicio!

Pregúntate «¿por qué?». Seguro que recuerdas que, en el capítulo 8, cuando hablábamos de los «porqués», nos preguntamos: «¿Por qué hacemos los deberes?» y «¿Por qué tenemos que ir a la universidad?». Entonces teníamos algunas respuestas bastante sencillas, todas ellas relacionadas con alguno de los destinos de nuestros Mapas de la Buena Vida. Pero, si sigues cuestionándote el porqué de las cosas, estas preguntas pueden convertirse en una herramienta muy poderosa que te ayudará a descubrir qué es lo que verdaderamente te motiva.

Piensa en algo que hagas cada semana o cada día y pregúntate por qué lo haces. Una vez que tengas la respuesta, vuelve a cuestionarla con otro «por qué». Luego hazlo otra vez. ¡Quizá incluso una vez más! Debes preguntarte por qué de tres a cinco veces, por lo menos, antes de llegar a la verdadera razón o motivación que te impulsa a hacer algo.

Ejemplo:

Ahora te toca a ti:

¿Por qué haces los deberes?

Para aprender.

¿Por qué necesitas aprender?

Para ir a la universidad.

¿Por qué necesitas ir a la universidad?

Porque quiero ser astronauta. Es mi sueño.

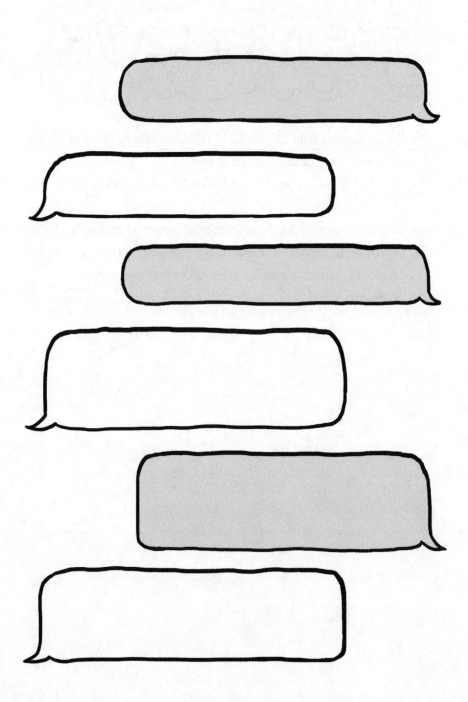

IDEAS CLAVE

- Pasar nuestra vida buscando la felicidad puede tener el efecto contrario y hacernos caer en el hastío.
- Es difícil que algo nos siga motivando cuando no sabemos por qué lo hacemos.
- Buscar el sentido ha demostrado aumentar el bienestar de las personas. El sentido se halla en la pertenencia, en tener un propósito, en contar historias y en encontrar momentos de trascendencia.

CAPÍTULO 14
LA RESILIENCIA

Jasmin estaba mirando por la ventanilla del autobús. Intentaba desesperadamente no mirar por enésima vez el pedazo de papel arrugado que tenía en la mano, pero, al final, no pudo resistirse y le echó otro vistazo con la esperanza de encontrarse con algo distinto. Pero no: allí seguía ese cinco enorme en la esquina superior de su trabajo. Le dolía el corazón. Se había esforzado mucho en hacerlo. «¿Por qué yo? Esto es lo peor que me ha pasado en la vida», pensó, suspirando.

De repente, alguien le dio un puñetazo en el hombro, y no precisamente suave.

—¡Ah! —gritó.

Judy, su hermana gemela, se sentó en el asiento de al lado. Al ver la redacción de Jasmin, chilló:

—¿EN SERIO? ¡Las Gemelas Maravilla atacan de nuevo, esta vez con dos trabajos al borde del suspenso! —Judy sacó el suyo, que tenía un cinco idéntico en la parte superior—. Te lo iba a enseñar antes de clase de Gimnasia, pero no me ha dado tiempo —añadió y se rio.

—Judy, hemos sacado las dos un cinco en el trabajo de Historia. ¿Dónde está la gracia?

—Bueno, gracia no me hace, pero tampoco es el fin del mundo, ¿no? O sea, en clase de Gimnasia sí que me sentía mal, pero luego he pensado que la próxima vez me esforzaré más y ya está, ¿no?

—*Lo que tú digas.*

—*¡Oye! Como somos gemelas idénticas, ¿crees que si la próxima vez también se esfuerza solo una de las dos, la otra también sacará mejor nota?*

—*¡Deja de tomártelo a risa! No lo entiendes, ¿no? No habrá una próxima vez. No pienso volver a intentarlo. ¿De qué me sirve? Soy tonta y punto.*

En la tercera parte de este libro, te hemos hablado de los distintos ingredientes que alimentan tus superpoderes, pero nos da en la nariz que este va a ser tu preferido. El combustible que aviva el superpoder de la **resiliencia** no solo te ayudará a arreglar lo que va mal, sino que te llevará mucho más allá... ¡Te hará vivir una vida fantástica y superpoderosa! Así pues, ¿a qué estás esperando? Ah, claro, nos estás esperando a nosotras... ¡Perdón! ¡Allá vamos!

En la historia que acabamos de contarte, Jasmin y Judy se enfrentan a un mismo desafío: han sacado malas notas. A las dos les han puesto un suficiente y, sin embargo, sus reacciones han sido totalmente distintas. Jasmin ha caído en una espiral de negatividad y ha decidido rendirse. En cambio, Judy se ha vuelto a poner de pie y ha dicho que se ha sentido mal al ver la nota, pero que la próxima vez se esforzará más. La pregunta clave aquí es por qué. ¿Por qué dos personas que se enfrentan a un mismo desafío tienen reacciones totalmente distintas?

Cuando presentamos esta historia y planteamos esta pregunta a personas de todas las edades, adultas y niñas, oímos algunas teorías comunes para explicar por qué Judy y Jasmin reaccionan de forma distinta:

Tal vez es por cómo las han educado.

No vas desencaminado, pero, en este caso, a Jasmin y a Judy las educaron los mismos padres.

Quizá sea por sus genes.

Tampoco es mala idea, pero Jasmin y Judy son gemelas idénticas, así que sus genes son prácticamente los mismos, y biológicamente son casi iguales.

Podría ser por su entorno.

Jasmin y Judy se han criado en la misma casa, han comido casi siempre lo mismo y su entorno ha sido siempre el mismo.

Tal vez una de ellas haya tenido que enfrentarse a más desafíos a lo largo de su vida o haya tenido una infancia más dura.

Podría ser, pero, como descubrirás enseguida, esa no es la razón principal por la que sus reacciones han sido tan diferentes.

Podríamos pensar que, como las han educado los mismos padres, en la misma casa y su ADN es casi idéntico, deberían reaccionar casi de la misma manera, ¿no? Bueno..., pues no. La ciencia nos ha demostrado que lo que más afecta a tu **resiliencia**, o a tu capacidad de volver a ponerte en pie tras enfrentarte a alguna dificultad, no son tus genes ni tu entorno ni tus oportunidades, tu riqueza o tus experiencias durante la infancia. **Lo que más afecta a cómo reaccionas ante un desafío no es el desafío en sí mismo, sino la forma en la que piensas en él.**[63]

¿Te das cuenta de que lo que acabamos de decir es genial?

Lo que cuenta no es ese discurso tan importante que tienes que dar..., ¡sino cómo piensas en ese discurso tan importante que tienes que dar!

No es esa fiesta de cumpleaños en la que tendrás que socializar..., ¡sino cómo piensas en la fiesta de cumpleaños donde tendrás que socializar!

No es esa persona con la que quieres entablar una amistad..., ¡sino cómo piensas en esa persona con la que quieres entablar una amistad!

Lo que cuenta no es el desafío en sí mismo..., ¡es la forma en la que te enfrentas a él lo que afecta a tu capacidad de ser **resiliente**!

¡Estoy emocionada!

Así pues, aunque no puedes controlar quiénes son tus padres, tus genes o los desafíos que te plantea la vida, sí que tienes el control sobre la forma en la que vas a pensar sobre ellos, es decir, puedes elegir tu actitud, o lo que llamamos «mentalidad». La mentalidad es tu forma de mirar el mundo, y es el ingrediente secreto que activa tu superpoder de la **resiliencia**.

MENTALIDAD → RESILIENCIA

A lo largo de este libro ya hemos hablado de esto, pero ¡es hora de profundizar en tres mentalidades diferentes propias de las personas con superpoderes!

1: Esperanza

En la historia de Jasmin y Judy, la segunda fue capaz de ver el lado bueno de las cosas y sentirse esperanzada de cara al futuro. La primera, en cambio, consideró que era el mayor desafío al que nunca se había enfrentado y se sentía desesperanzada. Judy tiene lo que la ciencia llama una mentalidad «positiva», mientras que la de Jasmin es «negativa».

Mentalidad optimista = ver el lado bueno de las cosas, sentir esperanza ante una situación

---

Mentalidad pesimista = pensar en lo peor o en lo más negativo, no sentir esperanza ante una situación

---

Tus genes, así como otros factores que escapan a tu control, tienen algo que ver con tu optimismo o tu pesimismo. Sin embargo, estamos aquí para hablarte de lo que sí puedes controlar... Es decir, la forma en la que explicas lo bueno y lo malo que hay en tu vida. En psicología, a esto se le llama «estilo explicativo».[64] Cuando hablamos de desafíos, el estilo explicativo de una persona optimista y el de una pesimista difiere en tres aspectos claros. Rodea la opción con la que más te identifiques:

1. ¿Cuánto durará el desafío?
- Alguien pesimista piensa que lo malo dura para siempre (permanente).
- Alguien optimista piensa que lo malo termina (temporal).

2. ¿Qué parte de tu vida se ve afectada?
- Alguien pesimista piensa que un desafío que se presenta en una parte de la vida afecta a todas sus partes (generalizar).
- Alguien optimista piensa que un desafío que se presenta en una parte de la vida afecta solo a esa parte (especificar).

3. ¿Quién tiene la culpa de este desafío?
- Alguien pesimista se culpa a sí mismo de los desafíos o dificultades que se le presentan (personalizar).
- Alguien optimista busca todas las razones que hay tras un desafío o dificultad (externalizar).

Así pues, ¿cómo piensas tú en tus problemas y desafíos? ¿Eres más bien pesimista y crees que duran para siempre, que afectan a todas las partes de tu vida y que son culpa tuya? ¿O más bien optimista, es decir, crees que los desafíos terminan, que afectan a una parte de tu vida y que son causados por algo externo a ti?

Pues resulta que lo que hayas rodeado no importa.

Lo que queremos decir es que no importa lo que tiendas a hacer ahora, porque puedes cambiar de estilo. Puedes elegir usar un estilo explicativo optimista y, con la práctica, tu mentalidad relativa a la esperanza cambiará. Cambiar tu estilo explicativo puede llevarte...

De:

«Nunca haré amigos en el colegio nuevo»

A:

«No tengo amigos en el colegio nuevo,
pero no siempre será así».

De:

«Tengo ansiedad. Mi vida es un asco
y todo lo que hay en ella también»

A:

«Tener ansiedad es duro, pero mi vida tiene cosas geniales».

De:

«Ojalá hubiese conseguido entrar en el equipo de voleibol.
Es culpa mía»

A:

«Se presentó gente que llevaba años entrenando.
Había mucha competencia».

¿Qué te parece si intentas cambiar algunos de tus pensamientos? Para hacértelo más fácil, hemos construido una Máquina de la Esperanza para ti, pero no hace falta que nos des las gracias. ¡Lo hemos hecho con mucho gusto!

Gira la página y mira cómo las afirmaciones pesimistas entran en la Máquina de la Esperanza y salen transformadas en afirmaciones optimistas. ¡Te hemos dejado espacio para que puedas probarla tú también!

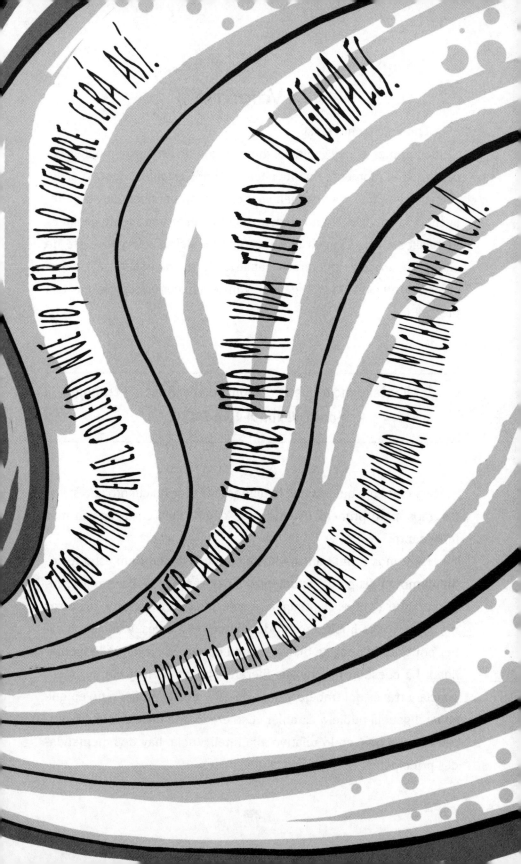

2: Valentía

«¡Qué inteligente eres!»

Seguramente, hayas oído alguna versión de esta frase muchas veces desde el momento en que naciste. Todos estamos un poco obsesionados con nuestra inteligencia o con cómo perciben nuestra inteligencia los demás. No nos entiendas mal; tener una mente genial es maravilloso. No estamos diciendo que no debas enorgullecerte de ello, pero nosotras queremos hablarte de tu mentalidad, de cómo crees que funciona la inteligencia. Vamos a hacer un test de una sola pregunta:

---

1. Mi inteligencia puede cambiar con esfuerzo y trabajo duro. VERDADERO o FALSO.

Seguramente quieras que te demos la respuesta cuanto antes, y lo haremos, pero primero tenemos que decirte una cosa todavía más interesante.

Hace unos treinta años, unos científicos hicieron un estudio sobre cómo un grupo de estudiantes se enfrentaba al fracaso. Descubrieron que algunos se recuperaban después de fracasar y que otros no, aunque solo hubiesen sufrido un pequeño revés, y quisieron saber por qué. Al final, se dieron cuenta de que la clave era la mentalidad. La cuestión no era que fueran capaces de mejorar su inteligencia a través del trabajo y del esfuerzo, sino si creían o no en que su inteligencia pudiera cambiar. ¡Eso era lo que marcaba la diferencia! Resulta que, en lo relativo a la inteligencia, hay dos mentalidades principales:

> **Mentalidad de crecimiento:** Crees que tu inteligencia puede cambiar.

> **Mentalidad fija:** Crees que tu inteligencia no puede cambiar.[65]

Pensemos de nuevo en las Gemelas Maravilla. Jasmin decía que no pensaba seguir intentándolo porque creía que era tonta «y punto». No creía que su esfuerzo importase. Parece que Jasmin cree que su inteligencia nunca cambiará: tiene una mentalidad fija. Judy, en cambio, no cree que la nota que ha sacado en un trabajo la defina, sino que puede mejorar si se esfuerza. Judy tiene una mentalidad de crecimiento. Estas dos mentalidades distintas afectan al comportamiento de muchas formas, como veremos en el ejemplo del grupo de estudiantes. Estas son las tres principales:

1. Esfuerzo

- Las personas con mentalidad fija creen que si algo les requiere esfuerzo es porque, evidentemente, no se les da bien, así que se esfuerzan menos.
- Las personas con mentalidad de crecimiento creen que el éxito nace del esfuerzo, así que trabajan duro.

2. Desafíos

- Las personas con mentalidad fija se rinden cuando se les presenta un desafío.
- Las personas con mentalidad de crecimiento siguen adelante cuando se les presenta un desafío.

3. Errores

- A las personas con mentalidad fija no les gusta parecer «poco inteligentes», así que esconden sus errores o, simplemente, se arriesgan menos.
- Las personas con mentalidad de crecimiento saben que los errores son una parte importante del aprendizaje y se arriesgan más.

Si tienes una mentalidad fija y crees que has de conformarte con la inteligencia que te ha tocado, no te sientas mal. Somos muchos los que pensamos así, o los que antes pensábamos así (¡también nosotras!). Lo mejor de todo es que, aunque tengas una mentalidad fija, no es del todo fija: puedes cambiarla. El primer paso para lograrlo es comprender que no te estamos pidiendo que creas en un mito. Tu inteligencia puede cambiar de verdad con trabajo y esfuerzo, porque ¡el cerebro es plástico!

No, no queremos decir que tu cerebro esté hecho del mismo material que una botella... Nos referimos a que tu cerebro puede cambiar y moldearse según tus experiencias, una capacidad que recibe el nombre de «neuroplasticidad». ¡Sucede incluso cuando cometes errores!

Aunque el cerebro es un órgano, se comporta de forma parecida a un músculo. Cuando levantamos pesas, ese esfuerzo crea pequeñas grietas en los músculos, hasta que estos se reparan a sí mismos y se hacen más grandes y fuertes. Cuando cometes errores, las sinapsis (las partes del cerebro que se activan cuando aprendes) se activan y el cerebro crece y cambia físicamente. En definitiva, los errores no son solo oportunidades de aprender: también fortalecen el cerebro.

Bien, ¿quieres usar otra máquina? A esta nos gusta llamarla la

Máquina de la Valentía (por razones obvias). Te ayudará a pasar de una mentalidad fija a una de crecimiento cambiando el lenguaje. Pasarás...

De:

«Supongo que no soy tan inteligente»

A:

«Supongo que todavía no he aprendido».

De:

«¡Espero ser el mejor del equipo!»

A:

«Espero que en el equipo haya gente que suponga un desafío».

De:

«He perdido. Supongo que no era tan buena como pensaba»

A:

«He perdido. Quizá pueda aprender algo de la persona que ha ganado».

¡Gira la página para ver la máquina y escribe tus propias afirmaciones!

¿SABÍAS QUE...?

Los taxistas de Londres tienen un trabajo muy difícil.[66] Deben ser capaces de conducir de forma eficaz por unas veinticinco mil calles diferentes y saber cómo llegar a unos mil puntos importantes de la ciudad, y lo hacen sin utilizar mapas. Los futuros conductores estudian y practican, y luego estudian aún más para obtener su trabajo. ¡Es un desafío mental enorme! Pero aquí viene lo interesante: las pruebas que se han hecho en los cerebros de los taxistas muestran unas diferencias enormes entre el momento en el que empiezan a trabajar y cuando ya llevan un tiempo en la carretera y dominan su trabajo. Los escáneres muestran que los que tienen experiencia han desarrollado más materia gris, la sustancia responsable de los procesos mentales. ¡Es fascinante! ¡Trabajar duro y desafiar a sus mentes ha hecho que les crezca literalmente el cerebro!

(SUPONGO QUE NO SOY TAN LISTO)

HE PERDIDO, SUPONGO QUE NO ERA TAN INTELIGENTE.

COMO PENSABA.

-¡ESPERO SER EL MEJOR DEL EQUIPO!

-¡ESPERO SER EL MEJOR DEL EQUIPO!

MÁQUINA
DE LA
VALENTÍA

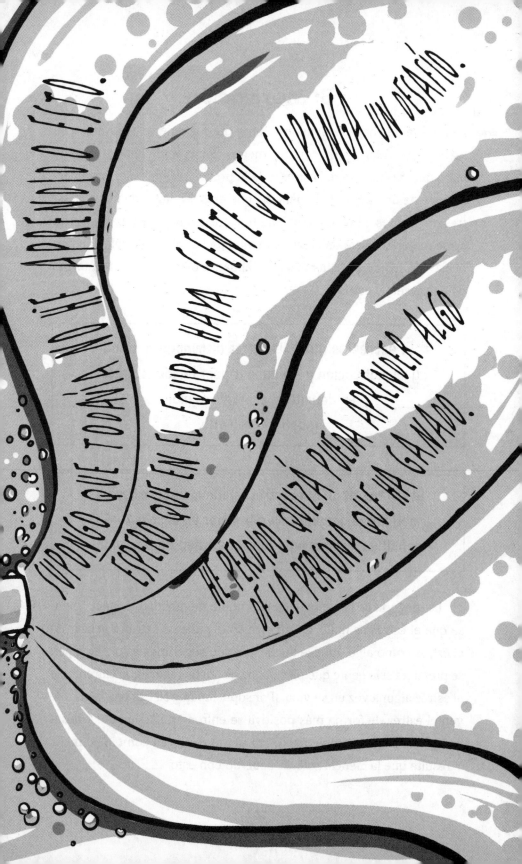

3: Motivación

Es posible que hayas elegido este libro porque quieres dejar de estresarte y aprender a preocuparte menos. Esperamos haberte dejado claro que deshacerte del estrés y de la preocupación sería como deshacerte de una parte de la persona que eres. En lugar de intentar estresarte menos, el objetivo es que te estreses mejor. En parte, estresarse mejor consiste en elegir la mentalidad correcta en relación con el estrés.[67] ¿Cuál de estas dos mentalidades describe mejor tu forma de pensar en el estrés?

> **El estrés es malo:** El estrés disminuye mi salud y mi motivación y me hace ir peor en los estudios. En definitiva, el estrés es malo y debería evitarlo.

> **El estrés es útil:** El estrés puede mejorar mi salud, motivarme y ayudarme a ir mejor en el colegio. En definitiva, es una experiencia positiva para la vida.

La mayoría de la gente tiene la primera mentalidad, es decir, piensa que el estrés es malo. Quizá incluso te parezca extraño pensar en el estrés como algo útil. De hecho, cuando sugerimos esto, hay quien se pregunta si la gente que piensa que es útil ha tenido que enfrentarse al estrés alguna vez en su vida. ¡Por supuesto que sí! Las personas que ven el estrés de forma más positiva se enfrentan igualmente a desafíos y dificultades; simplemente, no siempre los ven como algo malo. Y resulta que la ciencia está de acuerdo con esto.

Es posible que hayas oído que las «hormonas del estrés», es decir, las sustancias químicas que libera tu cuerpo cuando te estresas, pueden causarte daño físico. Sin embargo, no se habla tanto de que, en muchas situaciones de estrés, estas hormonas también te ayudan. Resulta que pueden aumentar la motivación, la productividad, la creatividad, la valentía y la conexión social; pueden mejorar el aprendizaje y el crecimiento del cerebro ¡e incluso fortalecer el corazón!

Tu forma de ver el estrés puede cambiar tu comportamiento de varias formas:

1. Enfrentarse a los problemas

- Las personas que creen que el estrés es malo se concentran en librarse de ese pensamiento.
- Las personas que creen que el estrés es útil se concentran en enfrentarse a los problemas y resolverlos.

2. La productividad

- Creer que el estrés es malo puede provocarte más cansancio y hacerte menos productivo.
- Creer que el estrés es útil puede proporcionarte más energía y aumentar tu productividad.

3. Alcanzar metas

- Las personas que creen que el estrés es malo se sienten abrumadas y dejan de perseguir las metas que les provocan demasiado estrés.
- Las personas que creen que el estrés es útil ven el estrés como un desafío y siguen persiguiendo sus metas.

Puedes empezar a usar el estrés para motivarte y aumentar tu productividad ¡en este preciso instante! Antes de los partidos importantes, los deportistas a menudo se estresan, pero lo que dicen es que están «animados» o «emocionados». Estas palabras ayudan a que su estrés se transforme en motivación. Ha llegado el momento de que utilices tu estrés para motivarte. Sí, lo has adivinado: hemos construido una última máquina para ti, la Máquina de la Motivación. Introduce en ella tus pensamientos de estrés y se transformarán en entusiasmo. La máquina ya está en marcha cambiando afirmaciones...

De:

«¡Ojalá pudiera tranquilizarme
antes de dar el discurso!»

A:

«¡Voy a dar un discurso,
qué emoción!».

De:

«Si no me tranquilizo antes del partido,
¡lo haré fatal!»

A:

«Voy a canalizar estos nervios para transformarlos
en fuerza y concentración».

De:

«Qué nervios, ¡tengo un nudo en el estómago!»

A:

«Este nudo en el estómago me ayudará a hacerlo bien».

¡Ahora te toca a ti! ¡Gira la página y enciende la Máquina de la Motivación!

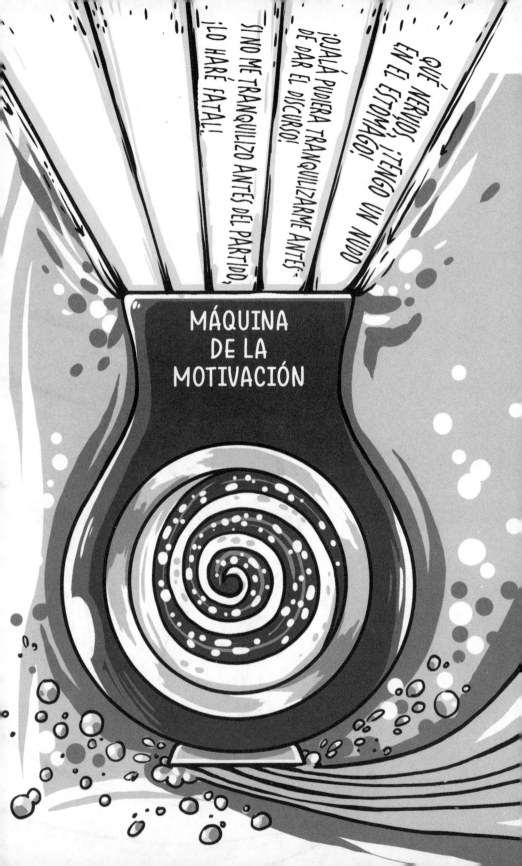

ESTE NUDO EN EL ESTÓMAGO ME AYUDARÁ A HACERLO BIEN.

¡VOY A DAR UN DISCURSO, QUÉ EMOCIÓN!

VOY A CANALIZAR ESTOS NERVIOS PARA TRANSFORMARLOS EN FUERZA Y CONCENTRACIÓN.

¡Haz estos ejercicios!

1. **Elige la mentalidad correcta.** Ya has aprendido que, cuando nos enfrentamos a un desafío, no siempre tenemos

que tratar de solucionarlo, sino que lo importante es cambiar la forma en la que pensamos en él. Ayuda a estos niños a cambiar la forma en la que piensan en sus desafíos. ¡Dales esperanza, coraje y motivación!

2. **¿Mentalidad fija o de crecimiento?** Si tienes una mentalidad de crecimiento, crees que tu inteligencia puede cambiar con trabajo y esfuerzo. Si tienes una mentalidad fija, crees lo contrario, que la inteligencia con la que naciste no cambiará con trabajo y esfuerzo. Las afirmaciones siguientes reflejan una de esas dos mentalidades. Relaciona cada una con la mentalidad correcta.

Los desafíos fortalecen mi cerebro.

Sé que mi cerebro hace conexiones cuando me esfuerzo.

No merece la pena intentarlo. No se me da bien.

Me gustan los desafíos.

Creo que puedo mejorar con trabajo y esfuerzo. CRECIMIENTO

Cuando me esfuerzo, mi cerebro crece.

Mi inteligencia y mis capacidades no cambiarán nunca. FIJA

Los errores me ayudan a aprender.

Escucho las valoraciones de los demás.

Esta asignatura no se me da bien. Nací así y punto.

Fracasar en algo es una pérdida de tiempo.

Intento hacer cosas difíciles.

3. ¡Haz un cartel de la mentalidad! Imagina que te has presentado a las elecciones para presidir el consejo de estudiantes y que tu campaña está centrada en ayudar al alumnado a desarrollar las mentalidades relativas a la esperanza, la valentía y la motivación. ¿Cuál sería tu eslogan de campaña? ¿Cómo sería tu cartel? En las páginas siguientes tienes unos ejemplos. ¡Es hora de crear el tuyo!

[Respuestas: Las afirmaciones propias de una mentalidad de crecimiento son: «Los desafíos fortalecen mi cerebro», «Sé que mi cerebro hace conexiones cuando me esfuerzo», «Me gustan los desafíos», «Cuando me esfuerzo, mi cerebro crece», «Los errores me ayudan a aprender», «Escucho las valoraciones de los demás» e «Intento hacer cosas difíciles». Las afirmaciones propias de una mentalidad fija son: «No merece la pena intentarlo. No se me da bien», «Esta asignatura no se me da bien. Nací así y punto» y «Fracasar en algo es una pérdida de tiempo».

MENTALIDAD #superpoderes

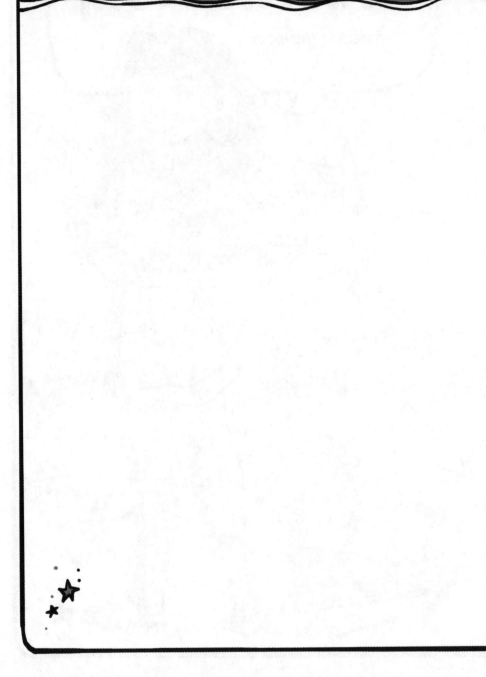

IDEAS CLAVE

- Tu capacidad de recuperarte tras un desafío no tiene tanto que ver con el desafío en sí como con la forma en la que piensas en él; es decir, con tu mentalidad.
- Puedes elegir tu mentalidad. Una de las formas más poderosas de cambiarla es cambiar cómo te hablas.
- Las tres mentalidades que aumentan la **resiliencia** son la optimista, la de crecimiento y la que ve el estrés como algo útil, ya que aumentan tu esperanza, tu valentía y tu motivación.

¡CRUZA LA LÍNEA DE META!

Ya está. Hemos llegado al final. Te pedimos que confiaras en nosotras y lo hiciste. Sabemos que no te ha resultado fácil, pero te has quedado con nosotras, has resistido, ¡y nos alegramos mucho de que estés aquí, en la línea de meta!

Has aprendido a convertir tus pensamientos ysistas y los viajes en el tiempo en observaciones más **presentes**, y con una mentalidad más positiva. Has transformado a tu yo que se camuflaba e intentaba complacer a los demás en un yo **original**, en alguien que rompe moldes. ¿Te acuerdas de cuando estabas en tu crisálida? Bien, ahora tienes las herramientas para moldear esos hábitos perfeccionistas, para recuperar tu **desenvoltura** y tener un fuerte sentido de pertenencia. Y ¿no es genial pasar de sentir hastío a dirigirte hacia una vida llena de sentido por un camino lleno de **energía**? Y no nos olvidemos de cuando estabas en el hielo. Eso no era muy divertido, ¿verdad? Ahora puedes enorgullecerte de saber cómo cambiar tu mentalidad y de ser capaz de mostrar a todo el mundo tu **resiliencia**.

¡Sí! ¡El PODER es tuyo!

Si tras leer este resumen has sentido que algo fallaba..., nos has pillado. Nos parece que lo más adecuado es terminar este libro con otra enorme verdad: la línea de meta no existe. No nos entiendas mal: ahora tienes superpoderes y dispones de las herramientas y de los conocimientos que necesitas para superar muchos de los obstáculos que te depara la vida, pero, igual que no puedes dejar de hacer ejercicio si quieres mantenerte en forma, esperamos que tampoco dejes de ejercitar tus superpoderes. A lo largo de la vida, te irás encontrando con más desafíos. Necesitarás algo que te recuerde las fortalezas que hay en ti. Cuando esto suceda, puedes volver a leer estas páginas y hacer de nuevo los ejercicios. Tener superpoderes es un proceso, un viaje, y no un destino.

Una cosa más: alguien nos dijo una vez (no sabemos muy bien quién) que un gran poder conlleva una gran responsabilidad... Y tú tienes grandes poderes, por supuesto. ¡Tienes **presencia**, **originalidad**, **desenvoltura**, **energía** y **resiliencia**! Y aunque la responsabilidad de ayudarte a redescubrir esos poderes que siempre estuvieron en tu interior era nuestra, ahora tú tienes la responsabilidad, si la aceptas, de hacer todo lo posible para vivir de forma superpoderosa. Es posible que la vida no siempre sea perfecta, pero a estas alturas ya deberías saber que no tiene por qué serlo. Entrena tus habilidades y, además de superar todos los desafíos, conseguirás enfrentarte a cada nuevo día con alegría y con sentido. Y ¿sabes cuál es la mejor parte? Cuando vives una vida superpoderosa, es inevitable que inspires a otras personas a reactivar sus superpoderes. Luego ellas inspirarán a otras, y así sucesivamente. Todos juntos podemos cambiar el mundo.

♥

Certificado de genialidad

Por la presente, certificamos que _____ ha completado el Programa Superpoderoso y, lo que es más importante, ha aprendido a _____

_____

_____, y de ahora en adelante será

Firman,

Renee Jain
Dr. Shefali

TIENES SUPERPODERES, SELLO DE AUTENTICIDAD

SP

MI YO SUPERPODEROSO

NOTAS

Capítulo 4: El mensajero

1

American Psychological Association, *Stress in America: Generation Z*, Stress in America™ Survey, 2018.

American Psychological Association, *Stress in America: The state of our nation*, Stress in America™ Survey, 2017.

Baxter, A., Scott, K., Vos, T., y Whiteford, H., «Global prevalence of anxiety disorders: A systematic review and meta-regression», *Psychological Medicine*, 43(5), 2013, pp. 897–910. doi:10.1017/S003329171200147X

Child Mind Institute, *Children's mental health report*, Nueva York, 2015.

2

American Psychological Association, «Why stress and anxiety aren't always bad: Expecting to always feel happy and relaxed a recipe for disappointment», *ScienceDaily*, 10 de agosto de 2019.

McGonigal, K., *The upside of stress: Why stress is good for you, and how to get good at it*, Nueva York: Avery, 2016. [Hay trad. cast. de E. Mercado: *Estrés: el lado bueno. Por qué el estrés es bueno para ti y cómo puedes volverte bueno para él*, México DF, Océano de México, 2017.]

3

Cannon, W. B., *Bodily changes in pain, hunger, fear and rage: An account of recent researches into the function of emotional excitement*, Nueva York, D. Appleton, 1915. doi:10.1037/1001 3-000

4

Kemeny, M. E., «The psychobiology of stress», *Current Directions in Psychological Science, 12*(4), 2003, pp. 124–129. doi:10.1111/1467-8721.01246

5

Crum, A. J., Salovey, P., y Achor, S., «Rethinking stress: The role of mindsets in determining the stress response», *Journal of Personality and Social Psychology*, 104(4), 2013, pp. 716–733. doi:10.1037/a0031201

Keller, A., Litzelman, K., Wisk, L. E., Maddox, T., Cheng, E. R., Creswell, P. D., y Witt, W. P., «Does the perception that stress affects health matter? The association with health and mortality», *Health Psychology: Official Journal of the Division of Health Psychology, American Psychological Association*, 31(5), 2012, pp. 677–684. doi:10.1037/a0026743

6

Jansen, A. S. P., Nguyen, X. V., Karpitskiy, V., Mettenleiter, T. C., y Loewy, A. D., «Central command neurons of the sympathetic nervous system: Basis of the fight-or-flight response», *Science,* 270(5236), 1995, pp. 644–646. doi:10.1126/science.270.5236.644

7

Seery, M. D., «The biopsychosocial model of challenge and threat: Using the heart to measure the mind», *Social and Personality Psychology Compass*, 7(9), 2013, pp. 637–653. doi:10.1111/spc3.12052

8

Brooks, A. W., «Get excited: Reappraising pre-performance anxiety as excitement with minimal cues», *PsycEXTRA Dataset*, 2014. doi:10.1037/e578192014-321

9

Taylor, S. E., Klein, L. C., Lewis, B. P., Gruenewald, T. L., Gurung, R. A. R., y Updegraff, J. A., «Biobehavioral responses to stress in females: Tend-and-befriend, not fight-or-flight», *Psychological Review*, 107(3), 2000, pp. 411–429. doi:10.1037//0033-295x.107.3.411

10

Clark, D. A., *Intrusive thoughts in clinical disorders: Theory, research, and treatment*, Nueva York, NY: Guilford Press, 2005.

Capítulo 5: El ysismo

11

Johnson, S., «The human brain is a time traveler», *New York Times Magazine*, 18 de noviembre de 2018. <http://www.nytimes.com/interactive/2018/11/15/magazine/tech-design-ai-prediction.html>

12

Killingsworth, M. A., y Gilbert, D. T., «A wandering mind is an unhappy mind», *Science*, *330*(6006), 2010, p. 932. doi:10.1126/science.1192439

13

Seligman, M. E. P., *Homo prospectus*, Oxford, Oxford University Press, 2016.

14

Beck, J., «Imagining the future is just another form of memory», *Atlantic*, 17 de octubre de 2017. <http://www.theatlantic.com/science/archive/2017/10/imagining-the-future-is-just-another-form-of-memory/542832>

Eagleman, D., *The brain: The story of you*, Nueva York, Vintage Books, 2017.

15

Park, J., Wood, J., Bondi, C., Arco, A. D., y Moghaddam, B., «Anxiety evokes hypofrontality and disrupts rule-relevant encoding by dorsomedial prefrontal cortex neurons», *Journal of Neuroscience,* 36(11), 2016, pp. 3.322-3.335. doi:10.1523/jneurosci.4250-15.2016

16

Wegner, D. M., «Ironic processes of mental control», *Psychological Review*, 101(1), 1994, pp. 34-52. doi:10.1037//0033-295x.101.1.34;

Wegner, D. M., Schneider, D. J., Carter, S. R., y White, T. L., «Paradoxical effects of thought suppression», *Journal of Personality and Social Psychology*, 53(1), 1987, pp. 5-13.

17

Warren, R., Smeets, E., y Neff, K. D., «Self-criticism and self-compassion: Risk and resilience for psychopathology», *Current Psychiatry*, 15(12), 2016, pp. 18-32.

18

Gellatly, R., y Beck, A. T., «Catastrophic thinking: A transdiagnostic process across psychiatric disorders», *Cognitive Therapy and Research*, 40(4), 2016, pp. 441-452. doi:10.1007/s10608-016-9763-3

19

Gollwitzer, P. M., «Implementation intentions: Strong effects of simple plans», *American Psychologist*, 54(7), 1999, pp. 493–503. doi:10.1037/0003-066x. 54.7.493

Capítulo 6: El camuflaje

20

Kross, E., Berman, M. G., Mischel, W., Smith, E. E., y Wager, T. D., «Social rejection shares somatosensory representations with physical pain», *Proceedings of the National Academy of Sciences*, 108(15), 2011, pp. 6270–6275. doi:10.1073/pnas.1102693108

21

Child Mind Institute, «Social anxiety disorder basics», en Childmind.org, 2019. <http://www.childmind.org/guide/social-anxiety-disorder/#social-anxiety-what-is-it>

22

Ellis, A., *Reason and emotion in psychotherapy: A comprehensive method of treating human disturbances*, Nueva York, Citadel, 1999. [Hay trad. cast. de A. Ibáñez Iriondo: *Razón y emoción en psicoterapia*, Bilbao, Desclée De Brouwer, 2008.]

23

Beck, A. T., *Cognitive therapy and the emotional disorders*, Nueva York, New American Library, 1979.

Burns, D. D., *Feeling good: The new mood therapy*, Nueva York, Harper, 2009. [Hay trad. cast. de B. López y G. M. Jáuregui Lorda de Castro: *Sentirse bien: una nueva fórmula contra las depresiones*, Barcelona, Paidós Ibérica, 1998.]

24

Zimmermann, M., «Neurophysiology of sensory systems», *Fundamentals of Sensory Physiology*, 1986, pp. 68–116. doi:10.1007/978-3-642-82598-9_3

25

Nørretranders, T., y Sydenham, J., *The user illusion: Cutting consciousness down to size*, Nueva York, Penguin Putnam, 1999.

26

Abramowitz, J. S., Deacon, B. J., y Whiteside, S. P. H., *Exposure therapy for anxiety* (2.ª ed.), Nueva York, Guilford, 2019.

Capítulo 7: La crisálida

27

Brown, B., *The gifts of imperfection: Let go of who you think you're supposed to be and embrace who you are*, Center City, Hazelden, 2010. [Hay trad. cast. de B. González Villegas y N. Steinbrun: *Los dones de la imperfección: guía para vivir de todo corazón: líbrate de quien crees que deberías ser y abraza a quien realmente eres*, Madrid, Gaia Ediciones, 2012.]

Santanello, A. W., y Gardner, F. L., «The role of experiential avoidance in the relationship between maladaptive perfectionism and worry», *Cognitive Therapy and Research*, 31(3), 2006, pp. 319-332. doi:10.1007/s10608-006-9000-6

28

Oettingen, G., *Rethinking positive thinking*, Nueva York, Current, 2015.

29

Pychyl, T. A., *Solving the procrastination puzzle: A concise guide to strategies for change*, Nueva York, Jeremy P. Tarcher/Penguin, 2013. [Hay trad. cast. de C. Batlles: *La solución a la procrastinación: breve guía de estrategias para vencer el hábito de postergar*, Madrid, Urano, 2018.]

30

Neal, D. T., Wood, W., y Quinn, J. M., «Habits - A repeat performance», *Current Corrections in Psychological Science*, 15(4), 2006, pp. 198-202. doi:10.1111j.1467-8721.2006.00435.x

31

Neff, K., *Self-compassion: The proven power of being kind to yourself*, New York, William Morrow, 2015. [Hay trad. cast. de R. Diéguez Diéguez: *Sé amable contigo mismo: el arte de la compasión hacia uno mismo*, Barcelona, Paidós Ibérica, 2016.]

Capítulo 8: El hastío

32

Brocas, I., y Carrillo, J. D., *The psychology of economic decisions*, Oxford, Oxford University Press, 2004.

Mauss, I. B., Tamir, M., Anderson, C. L., y Savino, N. S., «Can seeking happiness make people unhappy? Paradoxical effects of valuing happiness»,

Emotion, 11(4), 2011, pp. 807–815. doi:10.1037/a0022010

33

Ekman, P., *Emotions revealed: Recognizing faces and feelings to improve communication and emotional life*, Nueva York, St. Martins Griffin, 2007. [Hay trad. cast. de J. Serra Aranda: *El rostro de las emociones: signos que revelan significado más allá de las palabras*, Barcelona, RBA, 2015.]

34

Buettner, D., *The blue zones: 9 lessons for living longer from the people who've lived the longest*, Washington, DC, National Geographic, 2012. [Hay trad. cast. de A. Molinari Tato: *El secreto de las zonas azules: comer y vivir como la gente más sana del mundo*, Barcelona, Grijalbo, 2016.]

35

Ryan, R. M., y Deci, E. L., *Self-determination theory: Basic psychological needs in motivation, development, and wellness*, Nueva York, Guilford Press, 2018.

36

Csikszentmihalyi, M., *Flow: The psychology of optimal experience*, New York, Harper Row, 2019. [Hay trad. cast. de N. López Buisán: *Fluir (flow): Una psicología de la felicidad*, Barcelona, Editorial Kairós, 2012.]

Capítulo 9: El hielo

37

Anxiety and Depression Association of America, Understand the facts: Symptoms, Adaa.org, 2018. <http://www.adaa.org/understanding-anxiety/panic-disorder-agoraphobia/symptoms>

38

Clark, D. M., «A cognitive approach to panic», *Behaviour Research and Therapy*, 24(4), 1986, pp. 461–470.

Hayes, S. C., Wilson, K. G., Gifford, E. V., Follette, V. M., y Al, E., «Experiential avoidance and behavioral disorders: A functional dimensional approach to diagnosis and treatment», *Journal of Consulting and Clinical Psychology*, 64(6), 1996, pp. 1152–1168. doi:10.1037//0022-006x.64.6.1152

Pauli, P., Marquardt, C., Hartl, L., Nutzinger, D. O., Hölzl, R., y Strian, F., «Anxiety induced by cardiac perceptions in patients with panic attacks: A field study», *Behaviour Research and Therapy*,

29(2), 1991, pp. 137–145. doi:10.1016/0005-7967(91)90042-2

39

LeDoux, J. E., *Anxious: Using the brain to understand and treat fear and anxiety*, Nueva York, Penguin Books, 2016.

LeDoux, J. E., «The amygdala is NOT the brain's fear center», *Psychology Today*, 15 de agosto de 2015. <http://www. psychologytoday.com/us/ blog/i-got-mind-tell-you/201508/the-amygdala-is-not-the-brains-fear-center>

40

Jamieson, J. P., Mendes, W. B., Blackstock, E., y Schmader, T., «Turning the knots in your stomach into bows: Reappraising arousal improves performance on the GRE», *Journal of Experimental Social Psychology*, 46(1), 2010, pp. 208–212. doi:10.1016/j. jesp.2009.08.015

Jamieson, J. P., Peters, B. J., Greenwood, E. J., y Altose, A. J., «Reappraising stress arousal improves performance and reduces evaluation anxiety in classroom exam situations», *Social Psychological and Personality Science*, 7(6), 2016, pp. 579–587. doi:10.1177/ 1948550616644656

Capítulo 10: La presencia

41

Harris, R., *ACT made simple: An easy-to-read primer on acceptance and commitment therapy*, Oakland, New Harbinger Publications, Inc., 2019. [Hay trad. cast. de M. Manzano Gómez: *Hazlo simple*, Barcelona, Obelisco, 2021.]

42

Harris, R., «Mindfulness without meditation», *Healthcare Counseling and Psychotherapy Journal*, 9(4), 2011, pp. 21–24.

Capítulo 11: La originalidad

43

Rowling, J. K., Discurso de J. K. Rowling, *Harvard Gazette*, 5 de junio de 2008.

44

Childre, D., Martin, H., Rozman, D., y McCraty, R., *Heart Intelligence: Connecting with the Intuitive Guidance of the*

Heart, Waterfront Digital Press, 2017. [Hay trad. cast. de A. Arrese: *La inteligencia del corazón*, Barcelona Obelisco, 2017.]

45

Anti-Bullying Crusader (n.d.), Anti-bullying day: May 4. <http://www. fromantibullyingcrusader. com/day/anti-bullying-day>

CBC News, «Bullied student tickled pink by schoolmates' t-shirt campaign», C*BC/ Radio-Canada*, 17 de septiembre de 2017. <http:// www.cbc.ca/news/canada/ bullied-student-tickled-pink- by-schoolmates-t-shirt- campaign-1.682221>

46

Grant, A., «Kids, would you please start fighting?», *New York Times*, 4 de noviembre de 2017. <http://www.nytimes. com/2017/11/04/opinion/ sunday/kids-would-you- please-start-fighting.html>

47

Lady Gaga, «Lady Gaga shares everything [archivo de vídeo]», *TheEllenShow*, 11 de enero de 2011. <http://www. youtube.com/ watch?v=NOpSC9F04IU>

48

Lady Gaga, «Emotion revolution closing session [archivo de vídeo]», *Yale University*, 24 de octubre de 2015. <http:// www.youtube.com/ watch?time_ continue=10&v=P5Xus- Y0biQ>

Capítulo 12: La desenvoltura

49

Brown, B., *Braving the wilderness: The quest for true belonging and the courage to stand alone*, Nueva York, Random House, 2019. [Hay trad. cast. de S. Rey Farrés: *Desafiando la tierra salvaje: la búsqueda de nuestro propio lugar y el valor para sostenernos solos*, Barcelona, Editorial Vergara, 2019.]

50

Bruhn, J. G., y Wolf, S., The *Roseto story: An anatomy of health*, Norman, University of Oklahoma Press, 2003.

Egolf, B., Lasker, J., Wolf, S., y Potvin, L., «The Roseto effect: A 50-year comparison of mortality rates», *American Journal of Public Health*, 82(8), 1992, pp. 1089–1092. doi:10.2105/ajph.82.8.1089

51

Perkins, A. M., Arnone, D., Smallwood, J., y Mobbs, D., «Thinking too much: Self-generated thought as the engine of neuroticism», *Trends in Cognitive Sciences*, 19(9), 2015, pp. 492–498. doi:10.1016/j.tics.2015.07.003

52

Aron, E., *The highly sensitive child: Helping our children thrive when the world overwhelms them*, Nueva York, Harmony Books, 2002. [Hay trad. cast. de A. Cutanda Morant: *El don de la sensibilidad en la infancia*, Barcelona, Obelisco, 2019.]

53

Cain, S., *Quiet: The power of introverts in a world that can't stop talking*, Nueva York, Broadway Books, 2013. [Hay trad. cast. de D. León Gómez: *El poder de los introvertidos en un mundo incapaz de callarse*, Barcelona, RBA, 2020.]

54

Trapp, R., «Anxious leaders make better decisions», *Forbes*, 30 de enero de 2015.

55

Asch, S. E., «Opinions and social pressure», *Scientific American*, 193(5), 1955, pp. 31–35.

Asch, S. E., «Studies of independence and conformity: A minority of one against a unanimous majority», *Psychological Monographs*, 70(9), 1956, pp. 1–70. doi:10.1037/h0093718

56

Editores de Biography.com, Biografía de Jackie Robinson, *Biography.com, A&E Television Networks*, 28 de agosto de 2019. <http://www.biography.com/athlete/jackie-robinson>

57

Peterson, C., y Seligman, M. E. P., *Character strengths and virtues: A handbook and classification*, Nueva York, Oxford University Press, 2004.

58

Fredrickson, B. L., Cohn, M. A., Coffey, K. A., Pek, J., y Finkel, S. M., «Open hearts build lives: Positive emotions, induced through loving-kindness meditation, build consequential personal resources», *Journal of Personality and Social Psychology*, 95(5), 2008, pp. 1045–1062. doi:10.1037/a0013262

Kok, B. E., Coffey, K. A., Cohn, M. A., Catalino, L. I., Vacharkulksemsuk, T., Algoe, S. B., y Fredrickson, B. L., «How positive emotions build physical health: Perceived positive social connections account for the upward spiral between positive emotions and vagal tone», *Psychological Science*, 24(7), 2013, pp. 1123–1132. doi:10.1177/0956797612470827

Capítulo 13: La energía

59

Smith, E. E., *The power of meaning: Finding fulfillment in a world obsessed with happiness*, Nueva York, Broadway Books, 2017. [Hay trad. cast. de A. Sánchez Millet: *El arte de cultivar una vida con sentido: Los cuatro pilares para una existencia rica y satisfactoria*, Barcelona, Urano, 2017.]

60

Nasa.gov., Extreme space facts, *Nasa.gov.*, <http://www.jpl.nasa.gov/edu/pdfs/ss_extreme_poster.pdf>

61

Lisenkova, A. P., Grigorenko, T. V., Tyazhelova, T. V., Andreeva, F. E., Gusev, A. D., Manakhov, A., *et al.* «Complete mitochondrial genome and evolutionary analysis of *turritopsis dohrnii*, the "immortal" jellyfish with a reversible life-cycle», *Molecular Phylogenetics and Evolution*, 107(2017), pp 232–238. doi:10.1016/j.ympev.2016.11.007

62

Paenza, Adrian. (n.d.), «How folding paper can get you to the moon», *TED-Ed*, <http://www.ed.ted.com/lessons/how-folding-paper-can-get-you-to-the-moon>

Capítulo 14: La resiliencia

63

Reivich, K., y Shatté, A., *The resilience factor: 7 essential skills for overcoming life's inevitable obstacles*, Nueva York, Harmony Books, 2003.

64

Abramson, L. Y., Seligman, M. E., y Teasdale, J. D., «Learned helplessness in humans: Critique and reformulation», *Journal of Abnormal Psychology*, 87(1), 1978, pp.49-74. doi:10.1037//0021-843x.87.1.49

Seligman, M. E. P., *Learned optimism: How to change your mind and life*, Nueva York, Vintage, 2011. [Hay trad. cast. de L. F. Coco: *Aprenda optimismo: Haga de la vida una experiencia maravillosa*, Barcelona, Editorial Debolsillo, 2011.]

65

Dweck, C. S., *Mindset: The new psychology of success*, Nueva York, Ballantine Books, 2007. [Hay trad. cast. de P. Ruiz de Luna González: *Mindset, la actitud del éxito*, Málaga, Editorial Sirio, 2016.]

66

Woollett, K., y Maguire, E. A., «Acquiring "the knowledge" of London's layout drives structural brain changes», *Current Biology*, 21(24), 2011, pp. 2109-2114. doi:10.1016/j.cub.2011.11.018

67

McGonigal, K., *The upside of stress: Why stress is good for you, and how to get good at it*, Nueva York, Avery, 2016. [Hay trad. cast. de E. Mercado: *Estrés: el lado bueno. Por qué el estrés es bueno para ti y cómo puedes volverte bueno para él*, México DF, Océano de México, 2017.]

GLOSARIO

acciona el interruptor: mira a los demás como una fuente de inspiración en lugar de tenerles envidia.

agotado: cuando te olvidas de tus superpoderes, decimos que se te han agotado.

alumbrar: un error del pensamiento (una Sima del Pensamiento); la sensación de que la luz de los focos está sobre ti y que todo el mundo te juzga de forma negativa.

ansiedad: definida en *Tienes superpoderes* como una preocupación constante o sensación de nervios e inquietud sobre cuestiones cotidianas, como el colegio, el partido de fútbol de la semana que viene, caer mal a los demás, las incertidumbres o los próximos acontecimientos, o incluso preocuparse por preocuparse.

ansiedad social: definida en *Tienes superpoderes* como preocuparse por lo que los demás piensan de ti; podrías preocuparte tanto que incluso llegaras a evitar a ciertas personas o actividades.

asalto de los «deberías»: cuando los demás te sugieren cómo creen que deberías comportarte o sentirte para que seas la mejor versión de ti o lo hagas lo mejor posible (ver capítulo 3).

bondad amorosa: un tipo de meditación que consiste en repetir afirmaciones llenas de compasión hacia uno mismo y hacia los demás con el propósito de construir sentimientos de paz y amor.

burbuja del sueño: un espacio protegido diseñado para ayudarte a dormir bien. Activas la burbuja del sueño cuando, una hora antes de ir a dormir, das ciertos pasos que te ayudarán a dormirte y a descansar bien; una técnica para ayudarte a salir del hastío y recuperar la energía.

calmar: intentar apaciguar los pensamientos o sensaciones de preocupación, normalmente con mensajes verbales tranquilizadores como «todo irá bien».

camuflaje: cuando cambias o escondes partes de ti para encajar socialmente; esto sucede cuando tu superpoder de la originalidad se ha agotado.

chafar: cuando ignoras tus pensamientos de preocupación y finges que no existen o intentas que desaparezcan; también llamado «supresión».

5C: un proceso de cinco pasos para cerrar una Sima del Pensamiento o un error del pensamiento: capturar, comprobar, conseguir, combatir y cambiar.

Círculo de la Preocupación: cuando tu preocupación afecta a todas las partes de tu personalidad: lo que piensas, lo que sientes y lo que haces.

crisálida: cuando has escondido tu verdadero yo como forma de autoprotección; tal vez te refugias en tu crisálida cuando tienes miedo de cometer un error o cuando crees equivocadamente que la persona que eres depende de tus notas, de tu aspecto, de los «me gusta» que recibes en las redes sociales, etc. Esto sucede cuando tu poder de la desenvoltura se ha agotado.

distracción: cuando intentas distraerte de una sensación desagradable. (Ejemplo: «Algo va mal. Solo tengo que ver la televisión, comer y fingir que no pasa nada». Ver la ilustración «Cómo empeorar el pánico».)

dominó del ysismo: cuando un pensamiento ysista va seguido rápidamente de otro, y luego de otro, y esto termina convirtiéndose en una gran historia de preocupación en tu mente (ver «ysismo»).

flow: un estado en el que estás concentrado y disfrutas de una actividad que plantea un desafío apropiado para tus habilidades (no es demasiado fácil ni demasiado difícil) y que a menudo acaba por aumentar tu creatividad, satisfacción, motivación y felicidad.

frases con «siento que...»: cuando sientes que a tu cuerpo le pasa algo que va más allá del pánico o la ansiedad. (Ejemplo: «Siento que me está pasando algo muy grave». Ver la ilustración «Cómo empeorar el pánico».)

Gafas de Super-Visión: unas gafas imaginarias que te ayudan a convertir tus afirmaciones autocríticas («Soy demasiado sensible») en afirmaciones positivas sobre ti («Se me da bien saber cuándo un amigo necesita un abrazo»); una herramienta que te ayuda a identificar tus propias fortalezas.

hastío: sensación de cansancio y hartura como resultado de perder la curiosidad y la emoción que sueles sentir por las cosas; sucede cuando se te agota el superpoder de la energía.

hielo: cuando decides no probar cosas nuevas ni arriesgarte porque te da miedo fracasar o cometer errores; sucede cuando se te agota el poder de la resiliencia.

ignorar: un error del pensamiento (una Sima del Pensamiento); cuando pasas por alto lo positivo de una situación y te concentras solo en lo negativo.

ikigai: una palabra japonesa que puede traducirse como «la razón por la que te levantas por la mañana»; una idea o creencia que te hace entender qué es lo más importante en la vida; una técnica para ayudarte a salir del hastío y recuperar la energía.

LHP: las tres maneras en las que el cuerpo responde de forma orgánica cuando se enfrenta al estrés o al peligro: lucha, huida o parálisis.

magnificar: un error del pensamiento (una Sima del Pensamiento); ver las situaciones de forma extrema y utilizar términos como «siempre», «nunca» o «lo peor».

mensaje de conexión: recibes este mensaje cuando te sientes abrumado o cuando han herido tus sentimientos; los mensajes de conexión nos dicen que necesitamos el apoyo de un familiar cercano, un amigo o una amiga.

mensaje de desafío: recibes este mensaje en situaciones como hacer un examen, dar un discurso, actuar o participar de eventos sociales. Los mensajes de desafío pretenden proporcionarte motivación, concentración y energía cuando te enfrentas a un desafío.

mensaje de fuego: recibes este mensaje en situaciones de peligro real, como cuando hay un incendio, cuando te pierdes o te haces daño. ¡Los mensajes de Fuego activan la LHP!

mensaje de spam: recibes este mensaje cuando estás pensando en el pasado o en el futuro o en momentos impredecibles. Este mensaje consiste en pensamientos recurrentes que te preocupan, pero que no tienen ningún propósito ni beneficio.

mentalidad: la forma en la que miras al mundo; si cambias tu mentalidad o tu creencia, puedes cambiar las sensaciones que experimentas en el cuerpo. La mentalidad es el ingrediente que alimenta tu superpoder de la resiliencia.

mindfulness: prestar atención a propósito, en el momento presente y sin juicios. El mindfulness es el ingrediente principal de tu superpoder de la presencia.

monstruo interior: una voz desagradable en tu cabeza, fabricada por tus propios pensamientos, que te hace sentir mal contigo mismo porque te dice cosas como «¡No vales lo suficiente!» o «¡Nunca te saldrá bien!».

motivación exterior: la motivación para hacer algo porque buscas una recompensa o intentas evitar un castigo; una fuerza extrínseca o que no nace en tu interior (ver «motivación interior»).

motivación interior: la motivación que sientes para hacer algo porque sientes pasión, interés o curiosidad por ello; una fuerza intrínseca o que nace en tu interior (ver «motivación exterior»).

narración: contar historias, una de las formas que tenemos de compartir con los demás quiénes somos y una forma de ver y apreciar el sentido de nuestra vida.

optimista: una persona que cree que lo malo termina (que es temporal), que no cree que un desafío en una faceta de su vida afecte al resto (que especifica) y que busca todas las razones por las que estos se presentan (que externaliza).

percibidor o percibidora: cuando no intentas cambiar tus pensamientos, solo los observas o los percibes, lo que te ayuda a crear distancia entre ellos y tú.

pertenencia: sentir que has encontrado tu sitio, aceptarte por ser quién eres (incluidas tus rarezas) y tener una sensación de amistad y comunidad en un grupo de gente más grande, en lugar de cambiar quién eres para «encajar» en un grupo. La pertenencia es el ingrediente principal de la desenvoltura.

pesimista: una persona que cree que lo malo dura para siempre (que es permanente), que un desafío en una faceta de su vida afecta a todas las demás (que generaliza) y que se culpa por los desafíos que se le presentan (que personaliza).

relaciones equivocadas: evitar a personas, lugares o cosas que crees que están relacionadas con el pánico que sientes. (Ejemplo: «Tuve ese ataque de pánico porque fui al supermercado. No volveré a ir nunca». Ver la ilustración «Cómo empeorar el pánico».)

sentido: el valor que cada persona le da a las cosas, actividades o relaciones que hay a su alrededor; una opinión personal sobre qué es lo que importa en la vida. Las cuatro cosas que más comúnmente aportan sentido a la vida de las personas (según la investigadora Emily Esfahani Smith) son la pertenencia, el propósito, la narración y la trascendencia; el sentido es el ingrediente principal de tu superpoder de la energía.

Simas del Pensamiento: errores del pensamiento (ver «alumbrar», «ignorar», «magnificar», «sobrestimar» y «sospechar»).

sobrestimar: un error del pensamiento (una Sima del Pensamiento); pensar que un desafío es mucho mayor de lo que es en realidad.

sospechar: un error del pensamiento (una Sima del Pensamiento); cuando crees adivinar lo que piensa otra persona o cómo acabará una situación.

subir la escalera: un método que te ayuda a dejar de evitar a la persona, lugar o cosa que te da miedo; das pequeños pasos, de uno en uno, durante un período de tiempo para exponerte a la situación o persona que estás evitando o que te preocupa.

superpoderoso o superpoderosa: cuando los cinco superpoderes con los que naciste (presencia, originalidad, desenvoltura, energía y resiliencia) están despiertos y activos.

surfear la ola: una frase que te ayuda a recordar que las sensaciones de pánico, igual que las olas del mar, rompen sobre ti pero luego pasan de largo. Cuando te des cuenta de que el pánico es una falsa alarma, sabrás que, aunque tengas sensaciones desagradables, estás totalmente a salvo.

técnica del cine: cuando eres capaz de darte cuenta de que, aunque sientas pánico porque las cosas parecen terroríficas —por ejemplo, cuando estás viendo una película de miedo—, no estás realmente en peligro, así que puedes decidir no tener miedo.

trascendencia: una sensación o estado en el que sientes una profunda impresión o cuando te sientes totalmente fuera de tus experiencias cotidianas, de una forma positiva e inspiradora.

voz interior: un pensamiento o sensación en tu interior que te dice lo que te gusta, lo que quieres y quién eres; la voz interior es el ingrediente principal de tu superpoder de la originalidad.

WOOP: un método para marcarse objetivos que te ayuda a superar los desafíos que puedes encontrarte cuando trabajas para lograr un objetivo; el acrónimo, en sus siglas en inglés, significa «Deseo, Resultado, Obstáculo, Plan».

ysismo: cuando tu mente escapa del momento presente y se preocupa por acontecimientos pasados o futuros, a menudo planteándose preguntas que empiezan por «¿Y si...?». Esto sucede cuando se te ha agotado el superpoder de la presencia.

OTROS RECURSOS

¿Todavía estás aquí? No te cansas de nosotras, ¿eh? Bueno, nosotras también te queremos, así que, si de verdad quieres más información, estaremos encantadas de darte algunas recomendaciones.

GoZen!: Fundado por Renee Jain, coautora de *Tienes superpoderes*. GoZen! utiliza animaciones, historias, juegos y otros materiales para enseñar a niños y niñas las valiosas habilidades para ser resiliente. Si quieres saber más, ve a GoZen.com.

Dra. Shefali Tsabary: Según Oprah Winfrey, una revolucionaria que ha cambiado vidas. El trabajo de la doctora Tsabary, coautora de este libro, incluye cursos de transformación, conferencias y libros sobre la maternidad, la paternidad y la vida consciente. Si quieres saber más, ve a DrShefali.com.

Instituto VIA del carácter: En *Tienes superpoderes,* hemos mencionado las veinticuatro fortalezas del carácter que todos los seres humanos tienen en distintos grados. Descubre las tuyas haciendo el test de VIAcharacter.org.

Certificado en Educación Positiva: Este programa de varias semanas, creado por Renee Jain y Emiliya Zhivotovskaya, fundadora del Fourishing Center, proporciona a profesoras y profesores las herramientas para ayudar a sus estudiantes a cultivar la resiliencia, la motivación y el bienestar. Si quieres saber más, ve a PositiveEducator.org.

Máster en Psicología Positiva Aplicada: La psicología positiva es el estudio científico de las fortalezas que hacen que los seres humanos y las organizaciones puedan florecer. Si quieres saber más sobre el Máster de Psicología Positiva Aplicada (MAPP) de la Universidad de Pensilvania, ve a sas.upenn.edu/lps/graduate/mapp.

AGRADECIMIENTOS

Nos sentimos muy honradas por haber tenido la oportunidad de escribir este libro. Que estas páginas puedan transformar la vida de un niño o una niña es un gran privilegio, y no nos lo tomamos a la ligera.

Son muchas las personas que nos han ayudado a darle forma. Nos gustaría dar las gracias a cada una de ellas.

Agradecimientos de Renee:

A mi madre, a mi padre y a mi hermano, que, sin importar las circunstancias, han mantenido encendida la llama de esperanza y de inspiración que guía mi vida.

A mi amor, Shawn, que enriqueció este libro con sus comentarios y opiniones y que enriquecerá mi vida para siempre con su amor.

A mis hijas, Jasmin y Jude, que son mis profesoras más brillantes y compasivas.

Agradecimientos de Shefali:

A mi familia y a mis amistades, sobre todo a mi hija, Maia, que me enseña, me hace ser mejor y me inspira para que siga ayudando a otras madres y otros padres a ser más conscientes.

Y juntas, nos gustaría dar las gracias a:

Nikki Abramowitz, por su brillante sentido estético en este libro. Sus ideas y su talento sin límites ayudarán a alimentar la energía creativa que hay dentro de los niños.

Lee L. Krecklow, por sus inteligentes comentarios, su edición y su increíble disposición, que han dado forma a la versión final. Su apoyo incondicional y su talento han supuesto un salto de calidad para este libro.

Molly, Sasha, Ashleigh, Eileen y Kelly, el fabuloso equipo de GoZen!, por creer en nuestro trabajo y apoyarnos.

A nuestros increíbles clientes, que nos dejan entrar en sus casas y en sus corazones. Si podemos dedicarnos a lo que nos dedicamos, es gracias a su valentía para mostrarse vulnerables.

Y, para acabar, a nuestra fantástica editora, Sara Sargent, por su visión clara y concreta de este libro. Es un honor haberle dado forma para las pequeñas lectoras y los pequeños lectores que se emocionarán con estas páginas.

ÍNDICE ALFABÉTICO

SOBRE LAS AUTORAS

Renee Jain tiene un máster en Psicología Positiva Aplicada, es la fundadora de GoZen! y es una reconocida pionera en los campos de la tecnología y la psicología infantil. A través de sus escritos y de la invención y desarrollo de sus productos, sus clases magistrales para progenitores y su apoyo a la infancia, trabaja para ayudar a formar la inteligencia emocional infantil. Tiene dos hijas. Puedes encontrar a Renee en Twitter como @gozentweets, en Facebook e Instagram como @gozenlove y online en GoZen.com.

La **Dra. Shefali Tsabary** es una psicóloga clínica conocida en todo el mundo que se doctoró en la Universidad de Columbia. Está especializada en la integración de las filosofías oriental y occidental y es una experta en su campo. Suele dar conferencias en congresos, talleres y centros educacionales y transformacionales de todo el mundo. Está educando a su hija adolescente. Puedes encontrar a Shefali en Twitter como @DrShefali, en YouTube y Facebook como DrShefali y online en DrShefali.com.